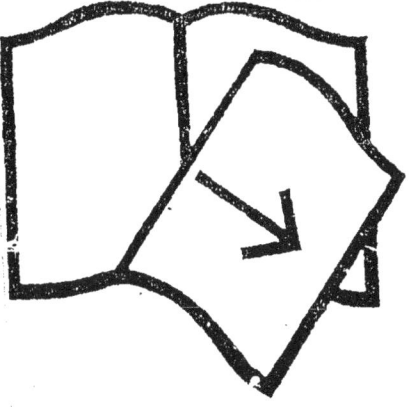

Début d'une série de documents en couleur

Couverture inférieure manquante

NOTICE HISTORIQUE
SUR LA VILLE
DE
GIVRY
ET
SES HAMEAUX
D'APRÈS
LES ARCHIVES ANTÉRIEURES A 1790
PAR

Ancien élève de l'Ecole nationale des Chartes,
Archiviste du département de Saône-et-Loire,
Bibliothécaire de la ville de Mâcon.

CHALON-SUR-SAONE
L. ADAM, Libraire Éditeur

1892

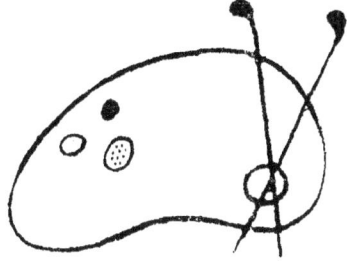

Fin d'une série de documents
en couleur

NOTICE HISTORIQUE

SUR LA VILLE

DE

GIVRY ET SES HAMEAUX

PRINCIPALES PUBLICATIONS DU MÊME AUTEUR

Concernant la Bourgogne et la Franche-Comté

Département de la Haute-Saône. Rapport sur le service des archives (exercice 1883-84), contenant l'indication des titres de famille (A-L) analysés. Vesoul, typ. de L. Cival fils, 1884, in-8°, 16 p.

L'ancien Collège de Vesoul (1596-1796). Vesoul, typ. de L. Cival fils, 1885, in-8°, 16 p., 2 fig.

Vesoul au XVIIe siècle. Vesoul, lib. L. Bon, 1885, in-12, 22 p., 1 pl.

Rapport sur le service des archives de Saône-et-Loire (1885-86), contenant le tableau des registres d'état civil ancien des communes. Mâcon, imp. D. Bellenand, 1886, in-8°, 22 p.

Notes et documents pour servir à l'histoire du département de Saône-et-Loire. Mâcon, imp. D. Bellenand, 1887, in-8°, 144 p.

La Bibliothèque de Mâcon, 1789-1887. Lille, imp. L. Danel, 1887, in-8°, 16 p.

Guillaume Perrier, peintre et graveur mâconnais du dix-septième siècle. En collaboration avec P. Martin. Paris, typ. de E. Plon, Nourrit et Cie, 1888, in-8°, 16 p.

Le Conseil général et les Conseillers généraux de Saône-et-Loire (1789-1889). En collaboration avec P. Siraud. Mâcon, Belhomme, lib. éd., 1888, in-8°, 302 p.

Archives de Saône-et-Loire. Documents originaux antérieurs à l'an mille. Chalon-sur-Saône, imp. L. Marceau, 1888, in-4°, 33 p., 2 pl.

Rapport sur le service des archives de Saône-et-Loire (1888-1889), contenant un tableau des registres d'état civil ancien des greffes des tribunaux. Mâcon, imp. E. Romand, 1889, in-8°, 36 p.

Lamartine. Souvenirs et Documents. Centenaire de sa naissance, 21 octobre 1890. Mâcon, Protat frères, imp., 1890, in-4°, 22 p., 13 pl.

Notice sur les Archives du département de Saône-et-Loire. Mâcon, imp. X. Perroux et Cie, 1899, in-12, 23 p.

Le Mausolée du duc de Bouillon à Cluny (Saône-et-Loire). En collaboration avec P. Martin. Paris, typ. de E. Plon, Nourrit et Cie, 1890, in-8°, 14 p., 4 pl.

Inventaire sommaire des archives antérieures à 1790. Ville de Givry (Saône-et-Loire). Mâcon, imp. X. Perroux et Cie, 1891, in-4°, 215 p.

Inventaire sommaire des archives antérieures à 1790. Département de la Haute-Saône. Séries C, D, E. En collaboration avec J. Finot et Dunoyer de Segonzac. Vesoul, imp. L. Cival, 1891, in-4°, 456 p.

Notice historique sur Lugny et ses hameaux. Mâcon, Belhomme, lib. éd., 1892, in-8°, 77 p., 2 pl.

SOUS PRESSE :

Inventaire sommaire des archives antérieures à 1790. Département de Saône-et-Loire. Série H, t. I. En collaboration avec L. Michon et A. Bénet. In-4°.

Les Fiefs du Mâconnais. In-8°.

Typographie de couleur

NOTICE HISTORIQUE

SUR LA VILLE

DE

GIVRY

ET

SES HAMEAUX

D'APRÈS

LES ARCHIVES ANTÉRIEURES A 1790

PAR

L. LEX

Ancien élève de l'Ecole nationale des Chartes,
Archiviste du département de Saône-et-Loire,
Bibliothécaire de la ville de Mâcon.

CHALON-SUR-SAONE

L. ADAM, Libraire Éditeur

1892

A Monsieur L. CHEVALIER

ANCIEN JUGE D'INSTRUCTION AU TRIBUNAL DE CHALON
ANCIEN PRÉSIDENT DU TRIBUNAL DE MACON
CONSEILLER A LA COUR D'APPEL DE DIJON

AFFECTUEUX HOMMAGE

NOTICE HISTORIQUE

SUR LA VILLE

DE

GIVRY ET SES HAMEAUX

D'APRÈS LES ARCHIVES ANTÉRIEURES A 1790

I. — ORIGINE DE GIVRY. ÉTYMOLOGIE DES NOMS DE LA COMMUNE, HAMEAUX, ÉCARTS ET LIEUXDITS.

Le territoire de Givry[1] était très certainement habité dès l'époque préhistorique puisqu'on y a trouvé une hache en pierre taillée[2].

Mais le nom même de cette commune, comme tous ceux de la région qui se terminent en *y* ou en *ey*, a été formé, dans les premiers siècles de notre ère, d'un gentilice romain[3] et de la

---

[1]. Chef-lieu de canton, situé à 63 kilomètres du chef-lieu du département (Mâcon), à 9 kilomètres du chef-lieu de l'arrondissement (Chalon-sur-Saône), près l'Orbize, sur la ligne de Chalon à Pouilly et Roanne, à l'intersection des chemins de grande communication n° 69, de Chalon à Montchanin, et n° 72, de Chagny à Saint-Gengoux-le-National.
Sa superficie est de 2,603 hectares qui, d'après l'évaluation du revenu foncier des propriétés non bâties faite en 1884, se répartissaient ainsi :
Sol des propriétés bâties et jardins, 14 ;
Terres labourables, 501 ;
Prairies, 85 ;
Vignes, 716 ;
Bois, 1,025 ;
Pâtures, friches, broussailles et murgers, 204 ;
Places, routes et chemins, 58.
Le nombre des maisons recensées, lors de l'évaluation du revenu des propriétés bâties faite en 1888, était de 788 ; celui des usines, de 8.
Voici les résultats du dénombrement de la population fait en 1891 :
La ville, 1,879 habitants.
Hameaux : Poncey, 320 ; Russilly, 122 ; Cortiambles, 81 ; Mortières, 78 ; Sauges, 46.
Écarts : La Grange-Saugeot, 14 ; Le Moulin-Madame, 8 ; Château-Renard, 5 ; La Maison-Dieu, 4 ; La Combe, 4 ; Le Cellier-aux-Moines, 2 ; Maisons des gardes forestiers, 9 ; Coupe de réserve, 4 ; Coupe d'affouage, 4 ; Maisons des garde-barrières, 18.
Total : 2,598 habitants, dont 816 électeurs.

[2]. *Mémoires de la Société d'histoire et d'archéologie de Chalon-sur-Saône*, tome V, 2ᵉ partie, Chalon, 1869, in-4°, p. 261, n. 3.

[3]. Courtépée (*Description du duché de Bourgogne*, t. V, p. 31) y voyait naturellement du « celtique ».

désinence *acus* qui caractérise le *fundus* ou propriété immobilière individuelle au temps de l'Empire[1].

Ce gentilice serait *Gabrius*, d'après M. d'Arbois de Jubainville[2], d'où le nom de lieu *Gabriacus*, puis *Gibriacus* par assimilation de la première syllabe à la deuxième[3], et *Givriacus* par la permutation normale du *b* en *v*[4].

Voici, d'ailleurs, dans l'ordre de leur apparition, la suite des formes anciennes qu'un minutieux dépouillement des archives nous a permis de relever[5].

Au XIe siècle : *Givriacus* (1087).

Au XIIe siècle : *Gibriacus* (1170), *Gevreacus* (1183), *Gyvreum* (1200).

Au XIIIe siècle : *Gevreyum* (1205), *Givreium* (1217), *Givre* (1218), *Geyvriacum* (1222), *Givereium* (1233), *Gevriacum* (1233), *Givreyum* (1234), *Givracum* (1239), *Gyvriacum* (1240), *Givri* (1247), *Givrey en Chaonnois* (1253), *Givrei* (1254), *Gyvre* (1261), *Givre en Chonnois* (1263), *Givreium* (1267), *Gyvreyum* (1277), *Gevre* (1269), *Givrer* (1285), *Gevrer* (1286), *Gevreium* (1287).

Au XIVe siècle : *Givreum* (1302), *Geuvry en Choonnois* (1303), *Givry en Chaunois* (1316), *Givrey* (1322), *Gevrey en Chonois* (1371), *Gevry* (1385).

Au XVe siècle : *Gevryacum* (1406), *Givry en Chaonoiz* (1434), *Givry en Chaonois* (1439), *Givreyum in Sagonatu* (1455), *Givry en Chaonnoiz* (1461), *Givry en Chaonnois* (1464), *Givry en Saonnoys* (1488).

Au XVIe siècle : *Givry lez Chalon* (1545), *Gyvry* (1591), *Givry en Chalonnois* (1597).

---

1. Ce peut être au même temps qu'il faut attribuer quelques-uns des débris signalés par Courtépée : « On a découvert au lieu dit *Simple Cour*, des morceaux de corniches de marbre blanc sculpté, qui pouvoient être les restes d'un ancien temple de payens... En bâtissant la porte de l'horloge, on trouva dans les fondations une arcade où passoit l'eau, et dessous un éperon à longue molette, un étrier, des restes d'une selle, et un sabre, indice de la sépulture d'un vieux chevalier ou d'un Gaulois distingué » (p. 36) ; mais c'est plutôt à l'époque franque que remontent les sarcophages découverts au XVIe siècle : « L'an mil cinq cens quatre-vint et quatre, le mercredi après la Pantecôte, Estiene Racle et ses frère ont treuvé deux tombeaulx, dedans leurs estable, là où ils ont treuvé environs dix corps mort, lesdits tombeaulx de grez... » (Archives de Givry, GG. 2). On a également trouvé de ces sarcophages, il n'y a pas très longtemps, lieudit *la Corvée*.
2. *Recherches sur l'origine de la propriété foncière et des noms de lieux habités en France*, Paris, 1890, in-8°, pp. 436-7.
3. Comme dans *Campiniacus* de *Campaniacus* (Champigny).
4. C'est aussi l'étymologie des hameaux de Beaubery et de Laizé qui portent ce nom, des autres Givry de France, de Gevrey (Côte-d'Or) et de Gabriac, commune de Mas-de-Londres (Hérault). Le gentilice *Caprius* et le suffixe *acus* ont donné de même Chevrey, commune d'Arcenant (Côte-d'Or), Chevry (Ain) et Cabriac, commune de Douzens (Aude). Le nom du hameau de Saint-Maurice-en-Rivière que M. d'Arbois de Jubainville (*op. cit.*, p. 435) appelle *Chevery* n'est autre que *Chevrey*.
5. Nous avons emprunté tous les renseignements que nous donnons au cours de ce travail, et qui ne sont pas suivis d'indications de sources, aux archives de la ville de Givry. — Cf. *Inventaire des archives de Givry antérieures à 1790*. p. L. Lex, Mâcon, imp. X. Perroux et Cie, 1891, in-4°.

Au XIX° siècle : *Givry-Cortiambles* et *Givry-près-l'Orbiz*.

Le nom de Russilly [2], contemporain de celui de Givry, est d'une formation identique. On trouve *Russille* en 1267, *Ruissilliacum* et *Ruissille* en 1286, *Russiliacum* et *Russile* en 1291, *Russileyum* en 1294, *Ruxilleyum* en 1298, *Resuley* et *Ruxille* en 1302, *Russille* en 1314, *Ruissulye* en 1317, *Ruyssilleyum* en 1320, *Ruissileyum* en 1325, *Resuilley* en 1336, *Ruissilly* en 1429, *Rossilleyum* en 1486, *Ressully* en 1534, *Rucilly* en 1631, *Rusily* en 1647, *Ruissily* en 1652, *Russili* en 1774.

Il en est de Poncey comme de Givry et de Russilly. Le nom de lieu *Pontiacus* vient très certainement du nom d'homme *Pontius* [3]. Nous avons trouvé les formes *Ponceyum* en 1295, *Ponce* en 1303, *Ponssey* en 1652, *Ponsey* en 1666, *Ponceix* en 1667, *Pontcey* en 1749, *Poncei* en 1778.

Cortiamble, mieux Cortiambles, date des invasions franques, c'est-à-dire du IV° siècle de notre ère ou des siècles suivants. Il a été formé d'un nom de personne d'origine germanique et du mot *curtis* ou *cortis* qui signifiait alors « domaine rural [4] ». On le voit orthographié *Corteambles* en 1229, *Cortcanbles* en 1267, *Cortayambles* en 1274, *Cortheambles* en 1285, *Cortheaubles* et *Corthambles* en 1303, *Courtiambles* en 1334, *Cortiambles* en 1346, *Courtiembles* en 1360, *Courteanble* en 1363, *Cortiambliæ* et *Corthiambles* en 1393, *Corthiambliæ* en 1399, *Courthiambles* en 1458, *Courtyambles* en 1478, *Courthiamblez* en 1506, *Courteambles* en 1570, *Cortiamble* en 1648, *Corthiamble* en 1714, *Corteamble* en 1727.

Il faut rapprocher de ce nom de lieu le nom de lieudit Corchevreuil, *Vers Corchevreul* en 1298, *Courchevreu* en 1438, *Courchevreul* en 1571, *Corchevreux* en 1623, *Courchevreuil* en 1716, *Courchevreux* en 1752 [5].

Mortière, ou plutôt et mieux Mortières, a des homonymes en France [6] ; c'était, d'ailleurs, un nom commun d'usage courant autrefois pour désigner un marais, des eaux mortes. Nous avons noté les formes suivantes : *Morteriæ* en 1296, *Mortheres* en 1303, *Mortières* en 1317, *Morteres* en 1322, *Mortheriæ* en 1323. *Mortière* n'apparaît qu'en 1652. On trouve *Mortier* en 1749.

---

1. *Dictionnaire des Postes*, éd. de 1863 et suiv.
2. Unique en France.
3. C'est aussi l'étymologie des Poncey de la Côte-d'Or, de Poncé (Sarthe), de Poncy, commune de Poissy (Seine-et-Oise), de Pontcey (Haute-Saône) et de Pontiac, commune de Gorses (Lot).
4. De même pour Coclois, commune de Saint-Desert, pour Corcassey, commune de Châtenoy-le-Royal, pour Cortamblin, commune de Malay, pour Cormatin, pour Cortambert, pour Cortelin, commune de Saint-Remy, pour Cortevaix (cf. L. Lacomme, dans l'*Annuaire de Saône-et-Loire pour 1892*, Mâcon, 1892, in-12, p. 50).
5. « On a découvert dans l'emplacement d'un ancien château appelé Cour-Chevreuil des morceaux de terre cuite vernissée. Il n'y a plus que les restes d'une cave voûtée. » (Courtépée, *op. cit.*, p. 36.)
6. Un notamment dans la commune de Moroges. Cf. les *La Mortière* de la Loire-Inférieure.

Sauge, mieux Sauges, est un nom emprunté au règne végétal, à la présence de *salviæ* ou *sauges*. Nous n'en avons trouvé que des formes françaises : *Sages* en 1267, *Sauyges* en 1317, *Sauges* en 1322, *Saulges* en 1500, *Soige* en 1579, *Sóge* en 1647, *Chauges* en 1658, *Sauge* en 1749.

On serait tenté de rapprocher de ce nom celui de La Grange-Saugeot. Mais la forme *La Grange aux Saulgeot* qu'on trouve en 1547, outre celles *La Grange-Saulgeot* en 1630, *La Grange de Saulgeot* en 1639 et *La Grange de Saugeau* en 1749, indique qu'il s'agit ici d'un nom de famille.

Le Cellier-aux-Moines (*Le Célerier aux Moines* en 1749, *Le Celier aux Moines* en 1767) rappelle un domaine ecclésiastique, La Maison-Dieu, un établissement hospitalier, Le Moulin-Madame, une propriété seigneuriale [1].

Château-Renard et La Combe n'ont pas besoin d'être commentés.

Parmi les écarts disparus ou abandonnés on peut signaler La Teppe-Mathieu, ferme, où l'on recensait encore 5 habitants en 1872.

Les désignations de lieuxdits qui figurent au plan cadastral dressé en 1829 [2] remontent à toutes les époques et sont ordinairement tirées : de la situation des terres et de leur exposition (le Bout des Murs, la Grande Berge, le Grand Sentier, la Petite Berge, Pied de Chaume[3], les Pieds du Clou[4], Prés sous Mortière, En Soureillot[5], Sous la Roche, Sous la Velle) ; de leurs dimensions (la Brevétère, la Grande Berge, les Grands Champs [6], la Grande Pièce, le Grand Pré, les Grands Prés, les Grands Prétans, les Grandes Terres, les Grandes Vignes [7], les Longues Raies, la Petite Berge, les Petits Charrons, le Petit Prétan) ; de l'aspect ou de la configuration du terrain (la Benne, la Caisse, les Combes, En Cras [8], Cremillons, En Crepière[9], En Crousot [10], les Dos d'Anes,

---

1. Il avait été construit par la duchessse Marguerite. En 1780, il appartenait à M. de Roche, archidiacre de Chalon.
2. Archives de Saône-et-Loire, série P.
3. *Au* et *Ou Pyed de la Chaulme* en 1406 et 1488, *le Piés de la Chaulme* en 1408, *Au Pieç de la Chaulme et de la Chalme* en 1426 et 1454, *Au Pié de la Chaulme* en 1451, *Au* et *Ou Pied de la Chaulme* en 1481 et 1538.
4. *Au Pied du Cloux* en 1520.
5. *Em Solloillet* en 1285.
6. *Em Grant Chau* en 1285, *Grant Cham* en 1303, *En Grant Champ* en 1345.
7. *En Grant Vigne* en 1380.
8. *Crae* en 1267, *li Crays* en 1268, *Es Creç* en 1285, *Craye* en 1303, *En Craye* en 1328, *Es Creeç* en 1362, *Ecreç* en 1363.
9. *Em Creperes* en 1285, *Cresperes* en 1303, *An Crepereç* en 1316, *Creperes* en 1319, *Sous Creperes* en 1336, *En Crepières* en 1352, *En Crepiereç* en 1429, *En Creppière* en 1515.
10. *Crosat* en 1289, *Em Croset* en 1296.

les Faussillons[1], la Feusée, la Grebille[2], les Lauches, les Longues Raies, le Meix des Fossés, les Petits Charrons, la Pièce[3], Pré Corne, Ez Quarts[4], la Ridelle, la Rognie[5], Sous la Roche, Sous la Velle, Veau[6], les Vignes Rondes, A Vigne Rouge); de la nature du sol (les Barbouillères[7], Champ Fort, En Corchevaux[8], le Gravier[9], les Mouillères[10], le Pautet, les Sablières); de son degré de fertilité (la Fortune[11], le Paradis[12], Pré beau[13], la Putin, En Renache, les Renaches); de sa culture, de sa végétation, de son emplantement (les Arbonnières[14], les Bois Gauthiers, le Bouchot[15], les Bouloises, la Brulée[16], Brusseau de Charron, Buisson de la Ly[17], la Chaume, les Chaumes, Chemin des Trois Chênes, En Chenève[18], les Essards, Fromenteau[19], la Garenne, le Grand Chêne, les Grands Prétans[20], l'Orcène[21], l'Ormeau[22], la Paulée[23], le Petit Prétan[24], les Plançons fleuris, les Plantes, Plante Verjus, En Plantit[25], Poirier Chanu[26], Poirier Gautheron, Poirier de l'Oignon, les Pommes Roi, Pommier Genaivre, la Prairie, Pré Beau, En Rauvre[27], Rochigné[28], la Ronge, Teppes des Chenèves, les Varennes, le Vernois, le Vernoy[29], la Vernoise,

---

1. *Em Facillon* en 1296, *Faucillon* en 1303, *An Facillon* en 1323, *Facillon* en 1373.
2. *En la Crebille* en 1596.
3. *En la Pièce* en 1500.
4. *Es* et *les Querres* en 1285 et 1303, *Es* et *les Quarres* en 1320 et 1303, *Es Carres* en 1490.
5. *Rongniz* en 1310.
6. *Em Vaz* en 1285, *Vignes de Vauz* en 1303, *En Vault* en 1560, *Vignes de Vaux* en 1721, *En Vaux* en 1744.
7. *En la Barboulière* en 1544, *En Borbaillière* en 1567.
8. *Escorche Chevaul* en 1373, *En Escorchevaul* en 1606. Cf. Ecorcheval, commune de Fleury-la-Forêt (Eure), Ecorchebœuf, commune d'Anneville (Seine-Inférieure), Ecorchevache, commune de Saint-Maur (Oise).
9. *Ou Gravyer* en 1524.
10. *Em Moleres* en 1285, *Moleres* en 1303, *Em Molière* en 1491, *En Moillière* et *En Moullière* en 1585.
11. *En la Fortune* en 1329.
12. *En Paradis* en 1299.
13. *Au Prés beaul* en 1323, *les Prés Beaux* en 1744.
14. *Es Arbonières* en 1495.
15. *Vers le Bouchot* en 1528.
16. *En la Brulée* en 1429.
17. *En la Lye* en 1508.
18. *Cheneves* en 1303.
19. *In Fremonto* en 1323, *En Fromentault* en 1445.
20. *Le Grant Prestain* en 1408, *Ou Grand Pretain* en 1559, *Ou Grand Pretin* en 1568.
21. *En Orsaine* en 1572.
22. *Es Ulmos* en 1451, *Es Ormoz* en 1454, *Es Ormotz* en 1560.
23. *A la Paale* en 1285.
24. *Em Petit Presteyn* en 1285, *In Parvo Prestaygn* en 1294, *Ou Petit Presteyr* en 1303, *Ou Petit Pretein* en 1316, *Ou Petit Preten* en 1317, *Ou Petit Prestain* en 1501.
25. *Em Plantiiz* en 1285, *En Planteiz* en 1298, *le Plantiz* en 1315, *In Plantis* en 1324, *Planty* en 1378, *En Plantiz* en 1451, *Plantif* en 1454.
26. *En Parier Chanuz* en 1445, *En Perier Chanuz* en 1491, *En Perier Chanu* en 1501, *Ou Perier Chanuz* en 1504, *En Poirey Chanuz* en 1535, *En Perrier Chanu* en 1642.
27. *Au Rovre* en 1267, *Rovre* en 1303, *En Rovre* en 1415.
28. *Em Rachigne* et *Em Rachigner* en 1285, *En Rachigney* en 1451.
29. *Es Vernoy de Givry* en 1560, *les Vernoys de Givry* en 1716.

les Vignes Rondes) ; de l'écoulement des eaux (la Bondue, les Chenaux, les Chéneaux, les Fontenottes[1], Puits Brechet, le Vivier). Beaucoup ont comme qualificatifs des noms d'hommes (la Baraude, les Bois Gauthiers, Champ Martin, Champ Nalot[2], Champ Pourrot, *alias* Pourot[3], le Charlé, Clos Gâteau[4], Clos Salomon[5], Combes Gris, la Daviotte, les Grognots, les Maufroids, Meix Boudot, la Morelle, les Pièces Molleron, Poirier Gautheron, Pommier Genaivre, Pré Camu[6], Puits Brechet, la Teppe Mathieu), des mots empruntés au règne animal (Chaponnière[7], Gauron[8], Grillot, En Pique Chien[9], Porcherot). Quelques-unes rappellent le régime de la féodalité (la Corvée[10], Pièces Bourgeoises), les propriétés seigneuriales (Champ la Danne[11]) ou ecclésiastiques (Meix Saint-Antoine), des fondations pieuses (Champ Pain Bénit), diverses constructions (le Bout des Murs, Clos de la Brulée, les Fourneaux, les Guinches, Meix des Bois, le Meulenot[12], les Mureys[13], la Pierre[14]).

L'étymologie de certaines d'entre elles est d'une identification assez difficile. Telles les Bois Chevaux[15], En Choué[16], Contant, les Filles, les Gallaffres, la Galmelle, Grand et Petit Marole[17], Ponay, le Sellé, Servoisine[18], Simple Cour[19], Tambourinette, Varange, Vauvry, le Vigron, Virgaudine et Voyant[20].

---

1. *Les Fontenates* en 1285, *Es Fontenates* en 1317, *Es Fontenetes* en 1324, *En Fontenote* en 1426, *Es Fontenettes* en 1539.
2. *En Champt Nalot* en 1480.
3. *Em Champoroot* en 1285, *Em Champeroet* en 1303, *En Champerot* en 1507.
4. *En Cloux Gasteaul* en 1504, *En Cloux Gateault* en 1534, *En Cloux Gasteault* en 1596, *En Cloz Gateaul* en 1606.
5. *Le Cloux Salomon* en 1568.
6. *Le Prey Camus* en 1765.
7. *Em Chaponeres* en 1285, *An Chaponières* en 1323, *Chaponère* en 1378, *En Chapponière* en 1445, *En Chapongnyère* en 1508, *En Chapponnière* en 1559.
8. *En Gorain* en 1528.
9. *Pisse Chien* en 1718.
10. *An la Corvée* en 1294.
11. *Cham vez Dame, Cham vez Danne* et *Champ vers Danne* en 1303, *En Champtladainne* en 1486.
12. *Le Muelenet* en 1285, *Le Mulinet* en 1303, *A Mulenat* et *Au Mulenot* en 1316, *Ou Molinot* en 1524, *Ou Molynot* en 1536. Il y avait en cet endroit un petit moulin (*molendinetum*) en 1325.
13. *Em Mure* en 1285, *En Murey* en 1540, *En Mureil* en 1569.
14. *En la Piere* en 1458.
15. *Em Boicheveal* en 1285, *Em Bacheveaul* en 1299, *Baicheveaul* en 1324, *En Boicheveaul* en 1415, *En Boycheveaul* en 1570.
16. *Em Choiz* en 1285, *Chooys* en 1303, *En Chocz* en 1486, *En Choye* en 1577, *En Chouée* en 1733.
17. *En Marroles* en 1267.
18. *Em Sarvoignenes* en 1285, *Servayguines* en 1303.
19. *En Sumbecort* en 1285, *En Sombecort* en 1303, *A Sombecour* en 1322, *En Sombecourt* en 1410, *En Sambecourt* en 1530, *En Simplecourt* en 1560, *En Simple Court* en 1579, *En Saint Plus Court* en 1724 (Archives de Saône-et-Loire, H.)
20. *En Voysayen* en 1312, *En Voisien* en 1445, *En Voysien* en 1466, *En Voyen* en 1508.

II. — SEIGNEURIES ET DOMAINES LAÏQUES.

Domaine des ducs de Bourgogne, puis des rois de France.

Givry formait avec « Le Vernoy, Ourroux, Saint-Aubin, Saint-Jean-de-Vaux, Saint-Laurent et Saint-Vincent »[1], la châtellenie de Chalon qui appartenait aux ducs de Bourgogne.

Ceux-ci étaient possessionnés à Givry dès le XIe siècle[2]. Nous les voyons donner en fief : en 1222, à Bertrand de Saudon, chevalier, ce qui relevait à Givry du château de Montaigu, lequel leur appartenait indivisément avec les seigneurs dudit Montaigu[3] ; en 1285, à Lambert Camus, de Chalon, une grange de pierre avec son meix, un pré, une vigne et les deux tiers d'une autre vigne, lesdits biens francs de toute servitude, excepté de justice[4] ; vers 1320, à Richard Camus, certains « héritages[5] ».

Ils y percevaient, en outre, des droits, dont les plus importants étaient le huitième des vins vendus ou échangés qui, vers 1430, rapportait, dans l'étendue de la terre de Givry, 60 francs[6], et le douzième des autres denrées vendues ou échangées, qui devait donner à peu près le double. Vers 1445, ces deux droits affermés produisaient 170 livres[7].

En 1477, le roi de France donna à Philippe Pot, chevalier, seigneur de La Roche, tout ce qu'avaient en la seigneurie de Givry, Charles, Louis et Léonard de Chalon[8].

Le Roi avait vendu, en 1597, 3 gros, 4 niquets de cens, dus par les héritiers Regnauld sur des biens à Givry[9], mais il levait encore en 1754 le cens sur des terres à Russilly[10].

Seigneurie de Givry.

Outre des biens importants, la seigneurie de Givry comprenait des droits étendus, dont le détail a été consigné en 1446, en 1609

---

1. *Inventaire des archives de la Côte-d'Or antérieures à 1790*, B. 934.
2. « Constance, fille de Robert, duc de Bourgogne, en passant par Tournus, environ l'an 1078, ayant fait assembler les religieux, leur fit donation de plusieurs fonds situés à Givri. Mais Eude, duc de Bourgogne, ne voulut pas les leur céder. » (Juénin, *Nouv. Histoire de l'abbaïe et de la ville de Tournus*, pp. 102 et 103.)
3. Archives de la Côte-d'Or, B. 5261, fol. 5. — En 1261, Guillaume de Montaigu approuve, à cause de son fief, une transaction passée entre les habitants de Givry d'une part, Guillaume, Elisabeth, Henri et Josserand, tous enfants de feu Henri de Saudon, chevalier, et les habitants de Cortelin d'autre part.
4. Id. Peincedé, t. X, pp. 25 et 26.
5. Id. Peincedé, t. XXV, p. 375.
6. *Inventaire des archives de la Côte-d'Or*, B. 3655.
7. Id., B. 3708.
8. Archives de la Côte-d'Or, Peincedé, t. XXVIII, p. 1215.
9. Id., ibid., p. 1260.
10. *Inventaire des archives de la Côte-d'Or*, C. 2632.

et en 1740, dans des terriers perdus aujourd'hui. Nous avons heureusement retrouvé un extrait du deuxième de ces documents. On ne le lira pas sans intérêt.

« ... Premièrement, dient et confessent les habitans que la totale *justice*, haute, moyenne et basse, appartient à ma dame, fors et réservé ès bois et forêts de Braigneau appartenant auxdits habitans avec la moyenne et basse justice, et pouvoir par lesdits habitans instituer chacun an les officiers annuellement ou quand bon leur semblera, tant pour le jugement des mésus, amandes et interrêts, que pour la garde, et s'il y a aucun appel de leurs besongne ou jugement, lesdites appellations ont accoutumées être relevées par-devant les officiers de madite dame pour y être jugées... Ont iceux habitans de tous tems accoutumés eux assembler au tems des *vandanges* pour aviser et choisir le premier jour que l'on vendangera, avant lequel nul ne peut, ny ne doit vendanger, à peyne de l'amande selon qu'elle sera arbitrée, et des interrêts, lesquels amandes et interrêts sont jugés par les officiers de madite dame à son profit, par-devant lesquels est rapportée la volonté et résolution desdits habitans, et ledit premier jour assigné délaissé à madite dame pour faire ses vendanges, auquel premier jour nul ne peut vendanger sans sa permission, à peynes des amandes et interrêts, et le lendemain lesdits habitans de Givry et autres y ayans héritages, y pourront vendanger... Pour le fait de la *police*, et tout ce qui conserne icelle, le procureur de ma dame y vacque avec les échevins ou l'un d'iceux, dont tous les mésus se rapportent par-devant les officiers de madite dame pour y être jugés, les amandes et interrêts pour la moitié d'iceux appartient à madite dame, et l'autre moitié auxdits habitans... Qu'à madite dame appartient la tour de la *prison* proche la poterne, où l'on a accoutumé de mettre les prisonniers, avec cinquante toizes de murailles et fossés de chacun côté d'icelle tour, l'entrée et issue de ladite ville, et le reste appartient auxdits habitans... Que madite dame a droit de prendre le *bichenage* de tous grains qui se vendent et débittent au lieu de Givry le jour des marchés, qu'est le lundy, pour lequel droit de bichenage madite dame ne prend aucune chose de celuy qui n'a qu'un boisseau de graines, et de celuy qui en a deux ou plus, elle prend ledit droit de bichenage, pour lequel elle a des escuelles de fer qui doivent être marquées, l'une appellée « la petite », et l'autre un peu plus grande, laquelle petitte sert pour le bichenage de deux boisseaux, et l'autre pour le bichenage de trois boisseaux et du plus, plus et non moins, dont le payement s'en fait de l'une ou l'autre desdittes escueilles et à leurs choix, et s'admodie chacun an au plus offrant et dernier enchérisseur... Qu'appartient à madite dame le *droit des ventes*[1] et marchandises qui se vendent et débittent

---

1. Les *halles* étaient une des sources de revenus de la seigneurie. On voit qu'en 1643 « Flori, maitre tupinier (potier) de Sevrey, payait 30 sous de rente annuelle pour la boutique qu'il (y) occupait » (Canat de Chizy, *Les Tupiniers de Sevrey*, dans *Mémoires de la Société d'histoire et d'archéologie de Chalon*, t. VII, 2ᵉ partie, p. 157.)

en la terre et seigneurie de Givry et membres d'icelle, tant le jour du marché, qu'est le lundy, que le jour des foires dudit lieu, que sont le lundy après la Saint-Jean Porte Latine, et le lundy après le jour de feste sainte Catherine, comm' aussi luy appartient les bans d'échelles dudit Givry et boucherie, lesdits jours de foire, lesquels droits madite dame a accoutumée d'admodier chacun an au plus offrant et dernier enchérisseur... Que madite dame a droit de prendre les *langues* et *nongles* des bêtes que l'on tue en la boucherie dudit Givry dès le jour de feste de saint Barthélemy jusqu'au jour de feste de saint Martin d'hivert inclus... Que madite dame a droit de prendre le *rouage*, qu'est un blanc pour charreste et dix deniers pour chart chargés de vin vendu, qui se charrient hors la terre et seigneurie dudit Givry dez ledit jour de feste saint Barthélemy jusqu'audit jour de feste saint Martin d'hyvert inclus... Qu'à madite dame appartient le droit de *quintaine en janvier*, et dure quinze jours à commencer la veille des Roys dès le soleil mussé, et finit au bout desdits jours à même heure, pendant lequel temps quelques personnes que ce soient ne pourront vendre ny débitter vin au pot ny en détail, sans la permission de celuy qui sera admodiateur dudit droit, à peyne de l'amande et des interrêts... Qu'à madite dame appartient le droit de la *quintaine de Pâques*, laquelle dure quinze jours, à commencer dez le lendemain de Pâques après le soleil mussé, et finit au bout desdits quinze jours à semblable heure, pendant lequel tems nul ne pourra vendre ny débitter du vin au pot ny en détail que celuy qui sera admodiateur dudit droit, à peine de l'amande et des interrêts... Qu'à madite dame appartient le droit des *broches d'aoust*, qui dure quinze jours, à commencer le soir de la veille de feste saint Laurent et finit à même heure au bout desdits quinze jours, pendant lequel temps il doit avoir deux taverniers audit Givry, et nul ne peut vendre vin au pot ny en détail que lesdits deux taverniers, à peyne de l'amande et des interrêts... Qu'il appartient à madite dame le droit de *fournage* des fours bannaux de la ville et fauxbourgs de Givry, lesquels fours consistant en trois, sçavoir l'un en la rue au port[1], possédé par Guillaume Loigerot, un autre vers la fontaine, que possède Claude Bourbon, et l'autre au fauxbourg proche la croix de la place, possédé par Philippe Couplet, lesquels fours sont tenus annuellement cuire tous les pains des habitans de la ville dudit Givry et des fauxbourgs d'icelle seulement, en payant pour ledit droit de fournage la valleur de cinq deniers de pastes, ou l'argent par chacun bichet, mesure dudit Givry, qu'est huit boisseaux pour le bichet, et se paye ledit droit à l'admodiateur d'iceluy, outre les salaires du fournier qui tient et chauffe lesdits fours, et selon l'accord que chacun desdits habitans en font annuellement avec ledit fournier... Qu'à madite dame appartient le droit des *corvées*, tant d'harnois que de bras, sur les

---

1. Lire « rue aux Porcs ».

habitans de Givry, Cortiamble, Poncey, Russilly, Saulges et Mortière, et doit chacun habitant non étant clerc, ayant charrue ou demye charrue, une corvée avec deux chevaux ou deux bœufs, selon l'harnois qu'il tient, et les autres habitans non étants clercs, et non ayants charrue, doivent une corvée de bras chacun an, à la faire à la volonté de madite dame, faisant lesquels corvées ils seront nourris eux et leurs chevaux et bestes, et l'admodiateur ou celuy ayant charge est tenu les avertir pour la faire, et ne se répètent lesdites corvées d'années à autre... Comm'aussi que toutes *épaves* et *confiscations* qui se feront en ladite terre de Givry et membres en dépendants appartiennent à madite dame, à cause de sadite justice, comm' aussi tous droits de *laods* et de *retenue*, avec amande, à faute de révéler et payer lesdits laods dans quarente jours après les achapts fait des héritages qui se trouveront censables à madite dame rière ladite terre et seigneurie de Givry... »

La *justice* était rendue au nom des seigneurs et sous les halles, par des baillis. On connaît, parmi eux, Jean Symon (1491), Viard de Cinq-Cens (1525), Claude Perrault, *alias* Perrauld, *alias* Perreaut (1565), Pierre Girard (1612), Jean Girard le jeune (1625), Claude Malloud (1699), François Golyon (1714), André de Loisy (1728), Guillaume Besuchet (1734), François Gauthey (1735), Antoine Golyon (1772), Vivant Lafouge (1775), Louis Laurent (1778), François Duhesme (1790)[1].

Le *bichenage* « concistant en une certaine mesure qui se lève sur tous les grains qui se vendent et débitent le jour de marchef, qui est le lundy de chacque sepmaine », était « fort à charge, empeschant que les marchefz ne soient aussy fréquentés par les estrangers qu'ils le seroient ». Aussi les habitans le rachetèrent-ils en 1687, moyennant paiement d'une rente seigneuriale, annuelle et perpétuelle, de 75 livres. Malgré cela nous voyons la communauté payer encore en 1712 à Charles Adenot 17 sous « pour avoir gardé le boisseaut de bichenage », et en 1748, M. Quarré se faire maintenir au *droit de mesurage*, distinct, prétendait-il, du *droit de bichenage* [2].

La perception de ces droits donna le jour à plus d'un procès. En 1726, les habitans plaident contre les officiers de la justice « au sujet des amendes, droits de foires et autres, dont la moitié revient auxdits habitans ». En 1788, la veuve de M. de Nansouty expose à MM. des requêtes du Palais à Dijon « qu'en sa qualité de dame de Givry, il lui appartient trois redevances annuelles affectées sur les bois communaux ludit lieu, l'une de 500 livres, 10 gros, la seconde de 6 l., et la troisième de 8 l., en tout 119 l., 10 gr. ; qu'il lui est dû par lesdits habitans un droit de bichenage, lequel a été racheté en 1687, moyennant une redevance annuelle de 75 l. ; que les mêmes habitans lui doivent une

---

1. Les dossiers de la justice de Givry sont conservés aux Archives de Saône-et-Loire, série B.
2. Archives de Saône-et-Loire, série B.

autre somme de 75 l. pour le rachat des fours banaux suivant un traité du 28 septembre 1763 ; enfin qu'il lui est dû par les habitans de Russilly en particulier un cens annuel de trois bichets d'avoine, moitié comble et moitié raze, mesure de Givry, et trois poules payables le jour de la Saint-Martin ; que lesdits habitans qui jusque icy avoient été exacts[1] à payer lesdittes redevances ont refusé de payer celle de 1787[2], en sorte que son fermier lui en demande la déduction sur le prix de son bail... »

Les revenus de Givry étaient évalués à 3,000 livres par an en 1666[3]. On trouve parmi les noms des amodiateurs de la seigneurie ceux de Messire Marin de Montereault en 1629 et d'honorable Abraham de Mangin en 1637.

Quant aux seigneurs et dames qui tenaient Givry en fief des barons de Chagny et en arrière-fief des ducs de Bourgogne [4], en voici chronologiquement la suite aussi complète que possible[5].

HUGUETTE, dame d'Epoisses et de Givry en 1233 et en 1248, sœur d'ALEXANDRE DE MONTAIGU [6], évêque de Chalon, épouse peut-être de Jean de Fontaines [7], chevalier, et mère d'*Aloïs*, qui suit.

ALOÏS, dame d'Époisses et de Givry, épouse de DREUX I DE MELLO, seigneur de Brechart, mort en 1252, laissant *Dreux II* et *Guillaume* qui suivent.

DREUX II DE MELLO, seigneur d'Époisses et de Château-Chinon en 1247, et de Givry en 1263.

GUILLAUME I DE MELLO, seigneur d'Époisses et de Givry, mort entre 1283 et 1285, laissant d'AGNÈS DE SAINT-VERAIN,

---

1. Sauf en 1764 et en 1765. Archives de Saône-et-Loire, C. 132, n° 35.
2. Ce droit s'acquittait alors en argent, soit 32 s. par mesure et 8 s. par poule en 1766 (Id., *ibid.*), et 72 l. pour le tout en 1787 (Id., C. 132, n° 82).
3. Archives de la Côte-d'Or. C. 2887.
4. Voir l'acte par lequel Richard de Montbéliard, sire d'Antigny, s'engage en 1303 à informer le duc de Bourgogne « sur la ville de Givrey en Choonois, si ladite ville et dépendance, que Guillaume, sire d'Epoisse, tient dudit Richard, sont et doivent être du rierfief dudit duc, et s'il en est instruit, il le doit tenir et reprendre du fief dudit duc comme chose d'aleu » (Archives de la Côte-d'Or. Peincedé, t. VII, p. 28.) Dans un denombrement de 1372, Marguerite de Vienne indique « la ville de Gevrey en Chaunois » comme un fief dépendant des « châtel, terre, seigneurie et prévôté de Chagny » qu'elle tient du duc (Id., *ibid.*, p. 85).
5. Nous la donnons, pour le moyen âge, d'après Moréri. On trouvera en note l'indication des sources des renseignements puisés ailleurs que dans cet ouvrage et dans les archives de Givry.
6. La forêt de Givry mouvait de lui en fief en 1233 (Archives de l'hôpital de Chalon).
7. Au mois de juin 1244, Huguette, dame de Givry et Jean de Fontaines, chevalier, cèdent aux curés de Givry des droits d'usage pour être dite leur absoute en l'église dudit lieu tous les dimanches. — En 1268, on trouve un Gautier de Fontaines, damoiseau, agissant de concert avec dame Pentecôte de Cortiambles. Il faut rétablir comme suit le texte de l'article qui lui est consacré (p. 174) dans la table de l'*Inventaire sommaire des archives de Givry* : FONTAINES (Gautier de), damoiseau, GG 111.

dame de Givry en 1285, *Guillaume II* qui suit, et *Jeanne*. Veuve, Agnès se remaria avec Jean de Frolois.

GUILLAUME II DE MELLO, seigneur d'Époisses et de Givry, mort le 22 février 1326. Il avait épousé en 1311 Marie de Châteauvillain, qui vivait encore en 1356 et qui lui donna pour enfants *Guillaume III* et *Jean I* qui suivent, *Dreux*, seigneur de Saint-Bris, et *Alix*.

GUILLAUME III DE MELLO, seigneur d'Époisses et de Givry, vivait en 1348. Il eut pour enfants *Gibaut*, seigneur d'Epoisses, de Bourbon-Lancy et d'Uchon, marié en 1365 à Isabeau de La Tour, mort sans enfants avant 1383, *Jean II* et *Guy* qui suivent.

JEAN I DE MELLO, seigneur de Givry, vivait en 1337 et en 1351.

JEAN II DE MELLO, seigneur de Givry, évêque de Chalon (1354-1357) et de Clermont (1357-1375), fit bâtir Notre-Dame de Marloux (de Mello)[1] et fonda en l'église cathédrale de Chalon un anniversaire pour lequel il donna 26 livres de rente sur la terre de Givry.

GUY DE MELLO, mort en 1370, avant ses frères, laissant d'Anne ou Agnès de Cléry : *Guillaume IV* qui suit, *Jeanne*, dame de Chappes et de Cléry, femme de Pierre d'Aumont, et *Marie*, dame d'Epoisses, de Bourbon-Lancy et d'Uchon, femme de Guillaume de La Trémoïlle.

GUILLAUME IV DE MELLO, seigneur d'Époisses, de Givry, de Chezelle, de La Roche-Milay et de Vitry en 1392, mort avant 1399, laissant d'Isabeau de Bourbon, dame de La Ferté-Chauderon, *Guillaume V*, qui suit, et *Jeanne*, femme de Jean de Montaigu.

GUILLAUME V DE MELLO, seigneur d'Époisses et de Givry, vivant en 1419, mourut sans enfants.

JEAN DE MONTAIGU, seigneur de Couches, d'Epoisses et de Givry en 1423, père par Jeanne de Mello, de *Claude* qui suit.

CLAUDE DE MONTAIGU, seigneur de Couches, d'Epoisses et de Givry en 1432, mort sans enfants de Louise de La Tour d'Auvergne.

GUY DE LA TRÉMOÏLLE, fils de Guillaume de la Trémoïlle et de Marie de Mello, comte de Joigny, baron de Bourbon-Lancy, seigneur d'Antigny[2], d'Uchon et de Givry en 1433 et en 1436, avait épousé en 1409 Marguerite de Noyers, dont il eut *Louis* qui suit, et *Jeanne*, mariée à Jean de Chalon, seigneur de Vitteaux.

---

1. Commune de Mellecey.
2. C'est par suite d'une erreur qu'on lit *Amigny* dans l'*Inventaire sommaire des archives de Givry* (pp. 1, 44 et 153).

Jacques Pot, chevalier, seigneur de La Prugne, de La Roche de Nolay et de Givry. Grâce à son mariage avec Marguerite de Cortiambles, dernière du nom, il réunit les deux fiefs, dont les terriers furent renouvelés par ses soins en 1446[1].

Louis de La Trémoïlle, comte de Joigny, baron de Bourbon-Lancy, seigneur d'Antigny, d'Uchon et de Givry en 1439, époux en 1460 de Marguerite de Cortiambles, veuve de Jacques Pot, qui ne lui donna pas d'enfants.

Jean de Chalon, seigneur de Vitteaux et de Givry en 1442 et en 1461, père probablement d'*Isabeau*, mariée à Liébault de Traves qui suit.

Liébault[2] de Traves, chevalier, et M. de Valengin, coseigneurs de Dracy et de Givry en 1470 et en 1473, à cause de leurs femmes. Le premier « confesse posséder (en 1473) la moitié par indivis de la terre et seigneurie de Givry, laquelle a été baillée à sa compagne en assiette pour la somme de 150 livres de revenu chacun an, et laquelle terre jà pièça a été empêchée et mise en la main de M. le Duc, par les gens de son Conseil et des Comptes, faute de fief non fait et dénombrement non baillé, et depuis ladite terre a aussi été empêchée par les officiers de M. le Marquis de Rothelin, prétendant ladite terre de Givry mouvoir de sa terre de Chaigny[3] ».

Charles, Louis et Léonard de Chalon, frères. Le Roi donna au suivant en 1477 tout ce que lesdits de Chalon avaient en la seigneurie de Givry[4].

Philippe Pot, chevalier, grand sénéchal de Bourgogne, seigneur de La Roche, de Châteauneuf en Auxois et de Givry « pour la pluspart », en 1485 et en 1487[5], avec Emard de Prie, chevalier, seigneur dudit lieu, de Montpoupon, de Dracy, et « en partie » de Givry à cause de Claude de Traves, sa femme, en 1492[6].

Guy Pot, chevalier, frère de Philippe, qui précède, père de *René*, qui suit, seigneur de La Roche, de Cortiambles et de Givry « pour la pluspart » en 1493[7].

René Pot, chevalier, seigneur de La Roche et de Châteauneuf, et Emard de Prie, coseigneurs indivisément et par moitié en toute justice de la terre et seigneurie de Givry « tenue en fief du seigneur de Chagny » (1503)[8]. René Pot, à son tour, avait

---

1. Archives de la Côte-d'Or. Peincedé, t. XXVIII, p. 1086.
2. *Alias* Jean.
3. Archives de la Côte-d'Or. Peincedé, t. X, p. 133.
4. Id., *ibid.*, t. XXVIII, p. 1215.
5. Archives de Saône-et-Loire, G. 38, n° 15.
6. Id., G. 39, n° 2.
7. Id., *ibid.*, n° 5.
8. Archives de la Côte-d'Or. Peincedé, t. X, p. 231.

donné en fief à Blaise de Saint-Clément, plusieurs vignes en la seigneurie de Givry (1503)[1].

GUILLAUME DE MONTMORENCY, seigneur et baron dudit lieu, de La Roche, de Châteauncuf, de Cortiambles et de Givry « pour la pluspart », époux d'Anne Pot, et EMARD DE PRIE. Le premier déclare en 1503 : « que ce qu'il tient à cause de Courtiambles et Saissenay est du fief du Roi ; que ce qu'il tient à Givry est de son fief, à cause de son châtel et seigneurie de La Roche de Nolay... Sur les revenus de Givry, Courtiambles, Russilly et Poncey, il doit 13 livres au chapitre de Saint-Vincent de Chalon pour un anniversaire fondé en ladite église, 25 livres, 7 sols au couvent de La Ferté-sur-Grosne sur les maisons qu'a ledit sieur audit Givry, 7 livres, 13 sols à Emard de Prie, chevalier, cosuigneur dudit Givry, à cause dudit Courtiambles, et au couvent de Maisières, pour un anniversaire piéça fondé en icelui, 16 setiers de vin... Et les fiefs mouvants dudit sieur, à cause desdites seigneuries de Courtiambles et Givry, sont : 1° la moitié du fief de Baissey, que tiennent les héritiers de feu Messire Guillaume de Saumont ; item, la moitié du fief des sieurs de Montfaulcon, à cause de leurs héritages et rentes qu'ils tiennent audit Givry ; item, la moitié du fief de la dame de Lambey ; item, la moitié du fief de Jean Donbey, à cause de sa femme, fille de feu Jean de Saint-Bonnot ; item, la moitié du fief de George de Hannault, qu'il tient à cause de feu Guillaume de Fontaine, dont Jean Perrault tient une portion, et aussi de droit de rièrefief qui apartenoit audit Jean Perrault de la partie du four de bled et du dixme de Saint-Germain vendu par ledit Perrault à feu Messire Philippe Pot, dont ledit seigneur a cause en cette partie ; item, la moitié du fief de Messire Jean de Montagu, chevalier ; item, la moitié du fief de damoiselle Huguette Saugney ; item, la moitié du fief de Jean de Maisey, chevalier, à cause de sa femme ; item, la moitié du fief de Pierre de Certaines, chevalier, à cause de sa femme ; item, la moitié du péage[2] dudit Givry ; item, la moitié du fief de Jean de Loisy ; item, la moitié du fief de Jean de Mairey, qui furent (sic) à feu Messire Guillaume de Bourbilly ; item, la moitié du fief des enfans de feu Messire Jean de La Chapelle[3] ».

FRANÇOIS DE MONTMORENCY, chevalier, baron de Châteauneuf, seigneur de La Rochepot et de la moitié des terres de Givry et Cortiambles, dont ANTOINE DE TRAVES, chevalier, seigneur de Dracy-le-Fort et de Saint-Huruge, était coseigneur pour un quart (1530-45).

---

1. Archives de la Côte-d'Or. Peincedé, t. X. p. 167.
2. Autrement rouage. Ce droit, qui consistait en 5 deniers par charrette et 10 deniers par char de vin qui passaient sur la terre de Givry depuis la Saint-Barthélemy jusqu'à la Saint-Martin, produisait environ 3 livres par an. (Archives de la Côte-d'Or, C. 2887.)
3. Archives de la Côte-d'Or. Peincedé, t. XIX, pp. 236 et 237.

François de Blanchefort, chevalier, seigneur de Sainte-Sevère, de Saint-Jeanvrin et de Givry en partie entre 1520 et 1522.

Nicolas de Thiard, sieur de Bissy, reprend en fief, comme donataire de Françoise de Bresse, sa femme, en 1549, « les deux tierces parties de tous les biens ayans apartenus à sadite feue femme, savoir deux tiers des maisons et châtel de Saint-Germain-du-Bois et dépendances, et aussi des terres et seigneuries de La Coudre, Ponneau, Moroges, Messey, Le Vez de Messey, Saint-Breul, Buxy, Givry, Mortières, Courtevaix et autres lieux[1] ».

Claude de Bauffremont, baron de Sennecey, bailli de Chalon, puis gouverneur d'Auxonne, époux de Marie de Brichanteau, acquéreur de « la terre de Givry » en 1559[2], mort en 1596.

Jean Foucault, seigneur de Saint-Germain-du-Plain et de Givry en partie vers 1535, a d'Adrienne de La Perrière, *Marguerite*, mariée à Jean Baillet, qui suit.

Jean Baillet, chevalier, avocat du Roi au bailliage de Chalon, puis président au parlement de Bourgogne, baron de Saint-Germain-du-Plain, seigneur d'un quart de la terre de Givry (1541-45), pour lequel il rendit hommage à François d'Orléans, marquis de Rothelin, comte de Montgommery et baron de Chagny.

François d'Amanzé, seigneur de Chauffailles, mari de Françoise de Traves, acquéreur, au prix de 1,800 livres, du quart de la terre de Givry appartenant à Renée Girard, veuve d'Antoine de Traves, sa belle-mère, vers 1560. Il était coseigneur en 1565 avec Hugues Le Marlet, bailli de Dijon, seigneur de Ternant, Grandchamp, La Villeneuve-lès-Seurre et Is-sur-Tille, dont la veuve, Philiberte Baillet, était dame de La Villeneuve-lès-Seurre et de Givry pour un quart en 1571.

Charles de Stainville, chevalier, seigneur de Pouilly-sur-Saône, La Villeneuve, Grandchamp, Ternant et autres lieux, époux en 1566 de Jeanne Le Marlet, fille des précédents, est qualifié de « baron de Givry » en 1574 et en 1584. Sa veuve vivait encore en 1618[3].

Jean de Vienne, chevalier, gentilhomme ordinaire de la chambre du Roi, « seigneur de Ruffey, Villeneufve, Essé, Selongey, Chasilly-le-Bas, Rioux, Rouche-Savigne, Botonnargue, et baron de Givry en Chalonnois, Courteambles, Poncey » en 1570 et en 1582, gouverneur du Bourbonnais, mort sans postérité.

---

1. Archives de la Côte-d'Or. Peincedé, t. XIX, p. 348.
2. L. Niepce, *Hist. du canton de Sennecey-le-Grand*, t. II, p. 638.
3. Archives de la Côte-d'Or, E. 1142 et 2036.

JEANNE DE PONTOUX, veuve de JEAN LANGUET et tutrice de ses enfants, donne entre 1577 et 1579 dénombrement du quart de la terre de Givry au seigneur de Chagny [1].

GUILLAUME DE MONTHOLON, seigneur de Mussy-la-Fosse et de Chassey, ancien avocat du Roi au Parlement, permet, le 31 janvier 1580, à Catherine de Montservier, veuve de Messire JACQUES DE BEUGRE, chevalier, seigneur de Dracy-le-Fort et du quart de Givry, de racheter lesdites terres en le remboursant, dans l'espace de cinq ans, du prix de son enchère du 26 janvier précédent s'élevant à 33,000 livres, et des frais de réparations par lui faits. Le 29 mars de la même année il reprend en fief de Messire Jacques de Savoie, duc de Nemours et seigneur de Chagny, « d'où est mouvant le quart de Givry », les terres susdites provenant du décret de Madame de Montservier et de Marguerite de Beugre, sa fille [2].

CLAUDE BOURGEOIS, chevalier, président au parlement de Bourgogne, seigneur de Crépy, de Dracy-le-Fort et de Givry en partie, entre 1580 et 1586.

HENRI DE BAUFFREMONT, fils de Claude, marquis de Sennecey, seigneur de Givry en 1621, « chevallier des ordres du Roy, capitaine de cent hommes d'armes de ses ordonnances, mareschal de camp en Languedoc, etc. », mort en 1622, père par Marie-Catherine de La Rochefoucauld, de *Claude-Charles-Roger* et de *Marie-Claire*, qui suivent.

CLAUDE-CHARLES-ROGER DE BAUFFREMONT, « marquis de Senecey, seigneur de Givry, Dracy et autres lieux, lieutenant du Roy au Masconnois, gouverneur des ville et chasteau d'Auxonne, bailly et maistre des foires de la ville et cité de Chalon » (1624).

MARIE-CATHERINE DE LA ROCHEFOUCAULD, veuve de Henri de Bauffremont, marquise de Sennecey, dame de Givry, Dracy-le-Fort, Cuisery, Ruffey, Jugy, Scivolière, Cruzille, etc. (1632 et 1639), morte en 1677.

MARIE-CLAIRE DE BAUFFREMONT, fille de Henri, épouse en 1637 de JEAN-BAPTISTE-GASTON DE FOIX, comte de Fleix, mort en 1646, marquise de Sennecey, baronne de Ruffey, dame de Dracy et de Givry en 1664 et en 1668, mère de *Henri-François*, qui suit, morte en 1680.

HENRI-FRANÇOIS DE FOIX DE CANDALE, pair de France, duc de Randan, baron de Givry et autres places en 1687[3], vendit en 1714, les terres de Givry, Dracy, Cortiambles, Russilly et dépen-

---

1. Archives de Saône-et-Loire, E. 1339.
2. Archives de la Côte-d'Or, Peincedé, t. XIX, pp. 224 et 225.
3. On lui paya, en 1691, à double, les rentes et cens, pour cause de « nouvelle chevalerie » (Archives de la Côte-d'Or, C. 4811.)

dances à Abraham Quarré, qui suit, moyennant 95,000 livres, somme qui « passa (sauf 6,100 livres, 5 sous, 5 deniers) entre les mains des nombreux créanciers du duc... Guillaume-Alexandre de Vieux-Pont, son héritier (il était son cousin issu de germain, du côté maternel) tenta de reprendre la terre par une action en retrait lignager ; mais il perdit son procès... » Le seigneur avait toute justice, et sa terre « étoit mouvante et relevante en plein fief, foy et hommage au Roy, à cause de son duché de Bourgogne [1] ».

ABRAHAM QUARRÉ, conseiller du Roi au parlement de Bourgogne, seigneur de Givry, Cortiambles, Russilly, Dracy et dépendances, en 1714 et en 1727.

MADELEINE BERNARD DE CHAINTRÉ, veuve et douairière de Messire Abraham Quarré, dame de Givry, Poncey, Cortiambles, Russilly, Dracy et dépendances, en 1735 et en 1738, mère de *Jean* et d'*André-Louis* qui suivent.

JEAN QUARRÉ, écuyer, *alias* chevalier, conseiller du Roi au parlement de Bourgogne, seigneur de Givry, Cortiambles, Poncey, Russilly et autres lieux en 1740, décédé au Bourgneuf, à l'âge de 50 ans environ, et sans enfants, inhumé dans la chapelle Garenet de l'église de Givry (1760).

ANDRÉ-LOUIS QUARRÉ DE RUSSILLY, frère du précédent, chevalier de l'ordre royal et militaire de Saint-Louis, seigneur de Givry en 1763.

MARIE-ANDRÉE QUARRÉ DE RUSSILLY, dame de Givry, veuve (1788) d'ETIENNE-LOUIS CHAMPION DE NANSOUTY, conseiller du Roi au parlement de Bourgogne, seigneur de Nan-sous-Thil et de Givry en 1784.

Tous les ans, le jour des Brandons, les habitants étaient passés en revue par le seigneur, auquel ils devaient en même temps « rendre les debvoirs », *id est*, entre autres choses, offrir à dîner. Quelques extraits des comptes de la communauté relatifs à ces frais de bouche seront lus avec intérêt.

En 1639, on dépensa : 13 l.,8 s. pour quatre douzaines et demie de poulets, 10 l., 5 s. pour quatre douzaines de pigeons, 35 s. pour des asperges et des radis, 42 s. de biscuits et macarons, 6 s. « d'eau rousse », 7 s., 6 d. pour trois pintes de vinaigre, 12 s. pour deux pintes de lait et deux douzaines d'œufs, 34 s. pour trois pintets de sel, 6 l., 8 s. pour huit dindons, 36 s. pour un boisseau et demi de fleur de farine, 6 l., 13 s. pour les deux tiers d'une feuillette de vin, 7 l. pour six livres de cerises, 25 s. de pain, le tout « pour le digné de Mgr le Marquis », le 25 mai 1639 ; 32 l. de poudre brûlée à la revue faite en l'honneur de

---

[1]. Archives de la Côte-d'Or, E. 1579. — L. Niepce, *op. cit.*, t. II, pp. 638-9, 642 et 645.

l'arrivée dudit ; 50 s. pour « du pain prins chez François Guillot à l'aryvée de Mgr le Marquis en ce lieu »; 16 l. pour « la nourriture des chevaux dudit sieur Marquis ».

En 1644 : 18 l., 9 s. pour le pain, 20 l. pour quarante livres de lard, 15 s. pour trois livres de beurre, 7 s. pour faire pêcher des écrevisses, 4 s. pour une douzaine d'œufs, 7 s., 6 d. pour des *radits* et du *porpier*, et 30 s. pour « huit pigeons », le tout pour l'arrivée de Mgr le comte de Foix ; 45 s. pour un levraut « porté à Drasy lorsque les enfans de mondit seigneur y arrivèrent, le 4 juin 1644 » ; 35 s. de cerises « pour un présent faict tant à Mgr le comte de Foictz que à M. Houzenat (d'Ozenay) au lieu de Senesey » ; 196 l., 5 s. payés à maîtres Michel Vallet et Jean Golion, pâtissiers à Chalon, le 22 juin 1644 ; 25 s. pour un « plat d'étain perdu » lors de l'arrivée de Mgr le comte ; 30 s. pour quatorze bouteilles *rompues* le même jour.

En 1654 : 20 s. pour avoir été à Chalon « assurer des piques, pour l'arrivée de Madame », le 9 mai ; 20 s. « pour avoir esté à La Charmée prier M. de La Charmée pour avoir son veneur et ses chiens pour chasser pour l'arrivée de Madame » ; 30 s. « pour un de Senesey qui vint advertir que Madame estoit à Beaulne », le 15 mai ; 24 s. « pour des poires portées à Madame à Senesey » ; 3 l. « pour deux douzaines de cailles données à Madame » ; 5 l., 10 s. « payés ez tambourts lorsque l'on fut au-devant de Madame » ; 5 s. pour être allé « à Deroux veoir cy il y auroit des batteaulx pour passer Madame » ; 20 s. pour avoir été « à Toches, Borneufz et Chamiret pour achepter des levreaulx et poullets pour traister madicte dame » ; 20 s. pour « avoir esté au lieu de Chalon pour empruncter 400 l. pour l'arrivée de madicte dame », le 19 juin ; etc.

A l'occasion de la prise de possession de ses terres par M. Abraham Quarré, en 1714, les échevins durent aussi organiser « touttes les cérémonies, faire mettre en armes tous les habitans pour aller au-devant des seigneur et dame, fournir les poudres, vins et autres choses nécessaires ».

Pour la revue de 1715 on décida de « deslivrer à chaque habitant qui se mettroit sous les harmes un demy quarteron de poudre » ; en même temps on nomma un capitaine, trois officiers, un enseigne, deux sergents, et « au cas qu'ils fassent un corps de cavallerie », un guidon.

Celle de 1716 se passa sur la place de Cras ; on donna 4 livres de gratification au sergent qui la commandait.

Les funérailles des seigneurs donnaient lieu aussi à des manifestations publiques.

On paya 13 l., 10 s. « pour les frais du bout-de-l'an de Mgr le marquis de Sennecey, notamment pour avoir fait sonner pendant 24 heures », le 17 mars 1642 ; 27 s. au maçon chargé de « enduire au dedans et dehors de l'églize de Cortiamble pour faire les escussons du deuil de M. le Compte », en 1648.

Baronnie de Cortiambles.

Avant d'être réunie, comme on l'a vu, à celle de Givry, cette terre appartenait à une famille qui en portait le nom et dont voici les membres principaux.

ELISABETH DE MARIGNY, veuve de GAUTIER DE CORTIAMBLES, chevalier, en 1275.

PENTECÔTE DE CORTIAMBLES, en 1254 et en 1268, a pour fils *Josserand* qui suit.

JOSSERAND DE CORTIAMBLES, chevalier, en 1268 et en 1277, marié à GUILLEMETTE DE CORTIAMBLES, veuve en 1297, dont il eut *Guillaume* et *Richard*, qui suivent.

GUILLAUME DE CORTIAMBLES, en 1297.

RICHARD DE CORTIAMBLES, damoiseau, en 1303.

GAUTIER DE CORTIAMBLES, prêtre, en 1317.

HENRI DE CORTIAMBLES, damoiseau, en 1323 et 1334[1].

JEAN I DE CORTIAMBLES, chevalier, en 1345 et 1360, père probablement de *Jean II*, qui suit.

JACQUES I DE CORTIAMBLES, chevalier, sire de Commarin, était chambellan du duc de Bourgogne en 1372. Il laissa *Jacques*, qui suit.

JACQUES II DE CORTIAMBLES, chevalier, conseiller du duc de Bourgogne en 1412, chambellan du Roi de France en 1418, père par JACQUES DE BLESSY, dame de Cortiambles en 1417[2], d'*Agnès* qui apporta Commarin en dot à Jean de Jaucourt de Dinteville.

JEAN II DE CORTIAMBLES, père de MARGUERITE, dernière du nom, femme de JACQUES POT en 1446 et en 1449, et de LOUIS DE LA TRÉMOÏLLE en 1460.

En 1531, FRANÇOIS DE MONTMORENCY, chevalier, seigneur de La Rochepot, reprit Cortiambles en fief des seigneurs de Givry[3].

---

1. Guillaume et Odet, enfants de feu Laurent Doyen, de Givry, vendent à l'évêque de Chalon, en 1323, deux ouvrées de vigne sises *Ou Travers de Becheveaul, versus Sanctum Petrum de Chama*, et mouvant en censive de Henri de Cortiambles. (Bibliothèque Nationale. Cartulaire de l'évêché, manuscrit latin 17089, pp. 198-9). — Il faut lire sans doute *Chama* et non *Chania* dans l'*Inventaire des archives de Givry*, pp. 108, 112, 154 et 160.
2. Archives de la Côte-d'Or, E. 647.
3. Id. Peincedé, t. VII, p. 236.

Anne de Montmorency le vendit à Gillette de Luxembourg, femme de François de Vienne, chevalier, qui prêta les serments de foi et hommage à Marguerite Foucault, dame de Givry en partie, entre 1541 et 1549[1].

Puis, Guillaume Millière, vicomte-maire de Dijon, reprit en fief, le 3 décembre 1572 « la baronnie, terre et seigneurie de Cortiamble, (comme) acquéreur de Jean de Vienne, baron de Ruffey et Villeneuve, chevalier de l'ordre du Roi et gentilhomme ordinaire de sa chambre, par acte du 19 juillet précédent[2] ».

Le château de Cortiambles était connu au XVIIIe siècle sous le nom de *La Grosse Maison*.

Pour la justice, Cortiambles dépendait de Givry.

Fief de Mortières.

Le fief de Mortières était sans justice. Il paraît avoir dépendu de la seigneurie de Montaigu, puis de la baronnie de Saint-Loup. Voici quelques indications sur ses anciens possesseurs.

Moreau de Pommard, fils de Jacques, bailli de Dijon, ayant reçu de Guillaume de Montaigu le fief que Hugues de Mortières tenait dudit Guillaume audit Mortières, celui-ci décharge son nouveau vassal de l'ost et de la chevauchée à condition qu'il « conseille » autrement son suzerain (1267).

Jean de Pommard, sire de Tailly, fils de Moreau, qui précède, obtient d'Eudes de Montaigu que le fief de Mortières continuera à être franc, la vie dudit Jean durant, et qu'après lui, il sera réassujetti à la vassalité envers les seigneurs dudit Montaigu (1319).

Guillaume de Colombier, seigneur de Saint-Loup, de Varennes, de Sevrey, de Droux et de Mortières (1556).

Arthus de Colombier, seigneur de Givry en partie (Mortières), ayant tué Claude Ducret, de Moroges, d'un coup d'épée[3], désintéresse la veuve et les orphelins en leur payant cent écus (1571-76).

Philiberte Baillet, veuve de Hugues Le Marlet, bailli de Dijon, dame de Givry et de Mortières en partie, entre 1563 et 1574.

Esme Burignot, sieur de Mortières (1597).

---

1. Archives de Saône-et-Loire, E. 1303.
2. Archives de la Côte-d'Or. Peincedé, t. X, p. 385.
3. Archives de Saône-et-Loire, E. 712.

François-Michel Le Tellier, marquis de Louvois, ministre et secrétaire d'Etat, reprend en 1683 « les fiefs et héritages en roture relevans des terres et seigneuries de Saint-Loup, Varenne, Saint-Remy, Lux, Sevrey, Mépilly, Deroux et Mortières[1] », acquises par lui en 1680.

Anne de Souvré, veuve du précédent, reprend lesdits biens (1694) et en donne dénombrement (1704). Elle en était encore dame en 1717.

Charles-Emmanuel de Crussol, duc d'Uzès, et Emilie de la Rochefoucauld, sa femme, obtiennent en 1735, de la communauté de Givry, décharge de l'impôt du dixième pour leur fief de Mortières.

Émilie de Crussol d'Uzès, fille mineure émancipée des précédents, hérite de leurs biens, les reprend en fief (1755) et en donne dénombrement (1757). Elle se fait maintenir en 1758 au « droit d'usage qu'elle a dans les bois communaux de Givry, tant pour maisonner, chauffer, paisseler, que pour la vive et vaine pâture ».

Des d'Uzès, le fief passa par alliance aux de Rohan, qui le conservèrent jusqu'à la Révolution. Leurs biens furent vendus nationalement, le 2 prairial an II, pour la somme totale de 33,350 livres.

Le prix du bail à ferme des cens et rentes dus au terrier de Mortières s'élevait à 400 livres en 1771.

Seigneurie de Russilly.

Cette terre, qui appartenait au moyen âge aux seigneurs de Givry, fut attribuée à Melchior de Bernard, écuyer, sieur de Montessus, capitaine et gouverneur de la citadelle de Chalon, dans un partage de biens que celui-ci fit, en 1579, avec Philibert de Bernard, sieur de Brandon, son frère.

Plusieurs membres de la famille Bernard Quarré en prirent le nom au XVIIIe siècle, quand ils eurent acquis la totalité de la seigneurie de Givry. Citons notamment André Quarré de Russilly, lieutenant au régiment de Bourgogne en 1738.

Le village et le clocher étaient de la justice de Givry.

---

1. Archives de la Côte-d'Or. Peincedé, t. X, p. 658.

Fiefs à Poncey.

Une maison sise à Poncey était tenue en fief du duc de Bourgogne par Gautier Bonamy (*Boni Amici*), de Chalon, en 1283.

Une rente de 8 livres à Poncey était tenue en fief du même duc par Marie de Montjeu, dame de Sercy et d'Antully, en 1473. Claude de Saint-Clément, écuyer, seigneur de Taizé, tenait aussi en fief, à pareille époque, du seigneur de Givry, 8 autres livres de rente, sans justice, audit Poncey[1]. L'une de ces rentes avait dû passer à Jean de Messey, écuyer, en 1503[2].

Fiefs divers.

Divers fiefs avaient en outre été détachés des seigneuries multiples entre lesquelles se répartissait le territoire actuel de Givry.

Ainsi en 1253 on voit Henri, seigneur de Brancion, chevalier, se dessaisir, en faveur des habitants, de tout ce qu'il avait en fief dans le bois de Braigneau.

En 1503 encore, J. de Colombier tient une vigne sise à Givry en fief du seigneur de la Rochepot.

Enfin, vers 1530, Hugues du Blé, écuyer, est seigneur de Cormatin et du Clos de Crouzot, « ledit cloux assiz et situé au finage et parrochiage de Russilly, contenant environ quatre cens ouvrées[3] ».

Bien que Jean-Baptiste Marloud soit parfois qualifié « sieur de La Grange-Saugeot » (1630), ce domaine ne nous paraît pas avoir jamais constitué une seigneurie ni un fief. Il a appartenu, durant tout le XVIIIe siècle, aux Perrault et aux Morel de Corberon.

---

1. Archives de la Côte-d'Or. Peincedé, t. X, pp. 130 et 134.
2. Id., *ibid.*, p. 229.
3. *Inventaire des archives de Saône-et-Loire*, E. 1367.

III. — DOMAINES ECCLÉSIASTIQUES. DÎMERIES.

Rue de l'évêque et dîmerie principale.

Dès le XIIIe siècle, l'évêque de Chalon était seigneur à Givry d'un quartier *extra muros*, qui a porté jusqu'à nos jours le nom de *rue l'Evêque*, et dans lequel à peu près tout, hommes et bêtes, maisons et terres, lui appartenait.

Il y ajouta de bonne heure, par des acquisitions successives, quantité de « beaux droits », comme on disait alors, notamment des rentes et cens « portant los, retenues et remuages » à Givry, à Poncey et à Mortières[1]. En outre, il devint peu à peu le principal dîmeur non-seulement de Givry, mais encore de Poncey, de Cortiambles, de Mortières, de Sauges, et même du « clos de La Ferté (Le Cellier-aux-Moines)[2] ».

Nous le voyons donner, soit en fief, soit à cens : à Bertrand Pélerin, puis à Elisabeth, sa veuve, des biens et des droits à Lux, à Jambles et à Cortiambles (1226)[3] ; à Etienne Doyen, une vigne à Givry (1238)[4] ; à Jeanne, veuve de Mayhulet, homme dudit évêque, et à Philibert, leur fils, une vigne à Cortiambles (1244)[5] ; etc. Il achète encore : de Humbert de Bresse, de sa femme et de son fils, tous leurs droits « à Givry et dans la pôté[6], tant en hommes qu'en terres, vignes, censives, coutumes, rentes et autres choses » (1243)[7] ; de Simonet de Givry, trois quartes de froment et deux setiers de vin de coutume, plus neuf deniers de cens (1275)[8] ; d'Arembourg, veuve de Robert d'Arles, deux deniers de cens (1275)[9] ; de Girard Prévôt, et de Marguerite, sa femme, une maison avec plâtre (1287)[10] ; etc.

Quant aux dîmes, il finit par en avoir presque la totalité en se faisant vendre : par Moreau, fils de feu Huguenet dit *Dimer*, et par ses sœurs, leurs droits sur la redîme et sur les granges de la dîme de Givry, à raison du produit de la dite dîme, moyennant sept livres viennois (1268)[11] ; par Guillemin et Guillaume, frères,

---

1. Archives de Saône-et-Loire, G. 40, n° 8.
2. Id., *ibid.*, n°s 9 et 10.
3. Bibliothèque Nationale. Cartulaire de l'évêché de Chalon, manuscrit latin 17089, p. 90.
4. Id., *ibid.*, p. 441.
5. Id., *ibid.*, pp. 180-1.
6. *Potestas*. Cette poesté (seigneurie laïque) était administrée aux XIIe et XIIIe siècles par un *prévôt, præpositus* (Archives de Saône-et-Loire, G. 174, n° 3 et H. 54, n° 2.)
7. Bibl. Nat. Cartul. de l'évêché, p. 422.
8. Id., *ibid.*, pp. 183-4.
9. Id., *ibid.*, pp. 177-8.
10. Id., *ibid.*, pp. 189-190.
11. Id., *ibid.*, p. 182.

fils de feu Philibert dit *Dimer* (*Decimatoris*), et par leur mère, leurs droits sur le produit de la dîme de Givry, moyennant soixante-dix sous viennois (1268)[1]; par Bertin de Givry, prêtre, fils de feu Guyonet Dimer, la moitié de la redîme du vin et du blé dudit Givry, moyennant cinquante livres tournois de petits forts (1315)[2] ; par Philibert, Guillaume, Girard, Perrenelle, Adeline, Guillemette et Simonette, enfants de feu Perrin Gerbaud, de Givry, le quart de la redîme de blé de Mortières, moyennant trente livres tournois de petits (1317)[3]; enfin, par Claude de Moroges, femme de Nicolas de Branges, bourgeois de Saint-Laurent-lès-Chalon, la dîme, tant de blé que de vin, dite *de Saint-Germain*, moyennant soixante-dix francs (1473)[4].

Il ne restait plus, à la fin du XVe siècle, comme dîmeurs secondaires, à côté de l'évêque, dimeur principal, que les mépartistes de Givry, le commandeur du Temple de Saint-Jean de Jérusalem de Chalon, le recteur de la maison-Dieu de Givry et le prieur de Saint-Laurent-lès-Chalon[5].

D'incessantes difficultés, on le devine, surgirent entre l'évêque et ses codécimateurs, et du XVe siècle au XVIIIe il y eut procès sur procès[6] : procès contre les curés qui prétendaient avoir la moitié de la dîme de certaines vignes (1584)[7] ; procès contre le commandeur du Temple, qu'il voulait empêcher de lever la dîme avant la sienne (1490)[8] ; procès contre les moines de La Ferté, dont le clos était franc, ce qui n'empêchait pas l'évêque d'y prélever annuellement deux bichets de grains et une botte de vin (1506)[9]; procès contre les confrères du Saint-Esprit, qui refusaient la dîme de leurs vignes (1606)[10]; procès contre le recteur de la maison-Dieu, qui voulait percevoir la dîme de terres par lui nouvellement acquises (1617)[11] ; procès contre les habitants, qui affirmaient ne devoir la dîme que des gros blés et pas des menus grains, sinon à volonté (1552)[12]; procès enfin contre des particuliers qui fraudaient sur la quantité de leur vendange ou sur la qualité de leur récolte; etc.

Très généralement l'évêque obtenait gain de cause. Dans le cas contraire, il transigeait et s'assurait par adresse ce qu'il n'avait eu par droit.

La dîme de l'évêque se levait: pour les grains, de 13 gerbes l'une ; pour le vin, de 32 queues l'une, c'est-à-dire « d'une quehue

---

1. Bibl. Nat. Cartul. de l'évêché, pp. 181-2.
2. Id., *ibid.*, pp. 196-7.
3. Id., *ibid.*, pp. 197-8.
4. Archives de Saône-et-Loire, G. 38, n° 9.
5. Id., G. 39, n° 2.
6. Id., G. 38-41.
7. Id., G. 40.
8. Id., G. 39.
9. Id., *ibid.*
10. Id., G. 40.
11. Id., *ibid.*
12. Id., G. 39. — Un document de 1666-1669 dit bien que « la dixme de Givry ne se lève que sur la graine quy se lie » (Archives de la Côte-d'Or, C. 2887.)

ung septier contenant huit pintes, d'ung poinson quatre pintes, et d'ung quart de quehue deux pintes, et de plus, plus, de moins, le moins, au feur l'emplaige » (1487)¹, autrement de seize poinçons de vin ou de seize paniers de raisin, l'un (1572)².

Voici le produit par amodiation de la dîme des grains pendant dix années du XVᵉ siècle : 1481, 96 bichets de froment; 1482, 84 b.; 1483, 66 b.; 1484, 65 b.; 1485, 60 b.; 1486, 58 b.; 1487, 110 b.; 1488, 102 b.; 1489, 100 b.; 1490, 64 b.³ Quelques chiffres encore des siècles suivants : 1568, 44 b.; 1569, 60 b.⁴; 1621, 65 b.⁵; 1622, 132 b.⁶; 1726, 102 b. et 300 fagots de paille⁷.

La dîme du vin, elle, était amodiée : 23 queues, 2/3 rouge, 1/3 blanc, en 1621⁸; 16 queues et 1 feuillette, dans les proportions dites, en 1662⁹.

Jacques de Neuchèze, quand il prit possession du siège épiscopal de Chalon, exigea des habitants, en vertu d'un prétendu pouillé, un droit de joyeux avènement qu'ils n'avaient d'ailleurs jamais payé, et qui s'élevait pour cette fois à 27 livres, 15 sous, 5 deniers¹⁰.

La communauté, d'habitude, autorisait gracieusement l'évêque à prendre dans la forêt le bois nécessaire à « la réparation de sa grange du dixme ». Cette dernière fut, avec une maison et ses dépendances, vendue nationalement, le 20 mars 1791, moyennant la somme de 16,500 francs.

Biens et droits des églises de Saint-Vincent et de Saint-Georges de Chalon.

Dès le XIIIᵉ siècle le chapitre de l'église cathédrale de Saint-Vincent de Chalon possédait des biens tant de noblesse que de roture à Givry. Nous le voyons, en effet, donner : en fief, à Girard de Jully, damoiseau, ce que celui-ci tenait audit Givry, (1222)¹¹, et à Guillaume, dit *Bériers*, de Chalon, une pièce de vigne franche *En Beicheveaul* (1277)¹²; à cens, à Rousseau Dimer (*Rossellus Decimarius*), une pièce de terre, moyennant 12 deniers et 6 bichets de froment (1242)¹³, à Moreau Verche, un meix près ceux des moines de Maizières, moyennant 6 deniers (1251)¹⁴, et à

---

1. Archives de Saône-et-Loire, G. 38, nᵒ 13.
2. Id., G. 39, nᵒ 40.
3. Id., *ibid.*, nᵒ 4.
4. Id., *ibid.*, nᵒˢ 34 et 35.
5. Id., G. 40, nᵒ 42.
6. Id., G. 41, nᵒ 35.
7. Id., *ibid.*, nᵒ 80.
8. Id., G. 40, nᵒ 43.
9. Id., G. 41, nᵒ 35.
10. Id., G. 40, nᵒˢ 38 et 53.
11. Bibliothèque Nationale. Cartulaire de Saint-Vincent, manuscrit latin 17090, pp. 35 et 36.
12. Id., *ibid.*, pp. 195 et 196.
13. Id., *ibid.*, p. 34.
14. Id., *ibid.*, p. 126.

Richard de Cortiambles, damoiseau, la moitié d'un curtil situé derrière la maison de la dame de Cortiambles, moyennant un setier et demi de vin, deux pièces de vigne attenantes audit curtil, moyennant un setier, six pintes de vin et un demi pain, et la moitié d'une autre pièce de vigne, moyennant deux setiers et demi de vin (1306)[1].

En 1223, Jean de La Maçonnière (*de Maconeria*, *de Maçoneria*), lui devait la tâche et la dîme d'une vigne[2].

En 1239, Adeline de Givry, veuve de Pierre d'Argilly, chevalier, lui donna trois deniers de cens sur sa vigne de franc alleu sise *En Raischine*, alias *Au Rachine*[3], et en 1268, Bertin de Givry, prêtre, lui laissa 26 sous et 8 deniers de rente assis sur quatre deniers de cens et sur un muid de vin de coutume dus par le tènementier d'une vigne audit Givry[4].

Il acquit encore : de Huguette dite *La Garenne*, de Saint-Marcel-lès-Chalon, et de ses fils, vingt sous de cens sur quatre journaux de terre *En Chapponeres*, *Es Fontenetes* et *Es Tarraux*, pour 12 livres viennois (1274)[5] ; de Guillaume et d'Etienne Breton père et fils, une pièce de terre, *juxta ulmos Gevreaci*, pour 25 livres dijonnois (1236)[6] ; de Pierre dit *Le Nain*, une maison avec meix à Cortiambles, la pièce de vigne *dou Croset*, et sa portion *de l'Esporoer*, pour 20 livres dijonnois (1262)[7] ; de Guyette, veuve de Laurent Marceau, et de Renaud, son fils, trois pièces de vignes franches *En Chanaul*, pour trente livres de petits tournois (1302)[8] ; etc.

La dotation des chapelles de l'église de Saint-Vincent, notamment de la chapelle de Vères fondée en 1382, de la chapelle de Lamoureux[9] fondée en 1471, et de la chapelle de Thiard fondée en 1481, enrichit le chapitre de nouveaux droits et de nouveaux biens[10], qu'il ne cessa, d'ailleurs, d'augmenter jusqu'à la Révolution, époque à laquelle maisons, terres, prés, vignes et teppes, furent vendus nationalement pour la somme totale de 40,424 livres (26 et 27 juin 1791, 5 brumaire, 23 ventôse et 2 messidor an V).

Au XVIe siècle le chapitre de l'église collégiale de Saint-Georges de Chalon avait dix-huit ouvrées de vignes à Givry, qui étaient amodiées, en 1520, à raison de « deux ponssons envaissellez en vaisseaux neufz du vin du creu desdictes vignes d'une chascune année[11] ».

1. Bibliothèque Nationale. Cartulaire de Saint-Vincent, manuscrit latin 17090, pp. 279 et 280.
2. Id., *ibid.*, pp. 71 et 72.
3. Id., *ibid.*, pp. 144 et 154-5.
4. Id., *ibid.*, p. 176.
5. Id., *ibid.*, pp. 204 et 205.
6. Id., *ibid.*, pp. 83 et 84.
7. Id., *ibid.*, pp. 184 et 185.
8. Id., *ibid.*, p. 266.
9. Connue vulgairement sous le nom de *chapelle des Amoureux*.
10. Archives de Saône-et-Loire, G. 128, 137, 149 et 174. — L'évêque de Chalon avait dans sa dîmerie toutes « les terres (du) finaige, territoire et parroichiage de Givry, estans et mouvans des doyen et chappitre de Chalon » (*Inventaire des archives de Saône-et-Loire*, G. 38.)
11. Archives de Saône-et-Loire, G. 281.

Biens de l'abbaye de La Ferté. Le Cellier-aux-Moines.

Par suite de donations et d'achats les religieux de La Ferté s'étaient fait à Givry, dans la première moitié du XIIIᵉ siècle, un important domaine, un *clos*, qu'on trouve constitué dès 1258[1], et au milieu duquel il y avait un *cellier*, déjà bâti en 1298.

Les principales donations sont celles de Michel, fils de Pierre Voisin, tous ses biens de la poesté, sauf le vin qu'il avait déjà donné au curé (1208)[2], de Pierre de Buxy et de Hugues de Dracy, deux pièces de terre (1213)[3], de Hugues Josserand, une vigne (1229)[4], de Guillaume Puete et de Huguenin, son fils, leur maison, deux sillons de terre et un pré (1232)[5], de Bertrand de Châtillon, chevalier, et de Guillemette, son épouse, deux meix avec leurs dépendances et quatre sous dijonnois de cens (1242)[6], etc.

Quant aux achats, ceux de deux vignes, l'une *In Champ vez Danne,* moyennant 18 livres dijonnois (1234)[7], l'autre *En Raschigni,* moyennant 10 livres dijonnois (1235)[8], sont à signaler. Mais les plus importants sont ceux que fit l'abbé des vignes de *Servoignenens,* alias *de Servesines,* qui appartenaient à Gautier *Alordelleor,* alias dit *Ordelier* (1232 et 1240)[9].

Le clos des Moines contenait environ 300 ouvrées en 1488[10].

Le cellier fut de bonne heure confié à des *recteurs,* dont quelques-uns nous sont connus, notamment le frère Jean, en 1298, et Gilles de Buxy, en 1376[11].

L'abbaye de La Ferté avait aussi possédé des hommes à Givry : ainsi Perrenelle, mère d'Etienne Doyen, lui avait donné, au XIIᵉ siècle, Girard Fèvre (*Girardum Fabrum*) et son tènement[12].

Elle possédait, en outre, un certain nombre de meix, des prés, des vignes et des terres, qui mouvaient d'elle en censive.

Tous ces biens, les évêques de Chalon en avaient très anciennement abandonné la dîme aux religieux[13]. Dreux de Mello, seigneur de Givry, reconnut. en outre, en leur faveur, les trois quarts du grand cens de la ville et de la poesté[14].

---

1. Archives de Saône-et-Loire, H. 28, n° 36.
2. Id., H. 26, n° 29.
3. Id., *ibid.,* n° 49.
4. Id., H. 27, n° 7.
5. Id., *ibid.,* n° 21.
6. Id., *ibid.,* n° 67.
7. Id., *ibid.,* n° 32.
8. Id., *ibid.,* n° 41.
9. Id., *ibid.,* nᵒˢ 18 et 80.
10. Id., H. 43, n° 19.
11. Id., H. 35, n° 12.
12. Id., H. 24, n° 22.
13. Id., G. 38, n° 3, et H. 27, n° 83.
14. Id., H. 29, n° 26.

En 1790, « l'abbaye possédait, suivant la déclaration de l'abbé, à Givry et lieux voisins, Cortiamble, Poncey et Russilly, environ 400 ouvrées de vignes, non compris des terrains vagues et murgers, qui ne sont d'aucun rapport et ne peuvent le devenir. Partie de ces vignes sont en vin fin et produisent fort peu. Elles sont données à culture à moitié à six familles de vignerons, de père en fils, employés à leur culture depuis environ deux cents ans, et peuvent produire, année commune, pour la portion du maitre, 25 pièces de vin, à raison de 60 livres la pièce, ci 1,500 livres, compris le cens sur *le Ravoy*, de deux boisseaux de froment, mesure de Givry, affecté sur un héritage en friche depuis plus de cent ans... Quelques terres amodiées moyennant la somme de 72 livres... Un journal de terre, 15 livres de ferme... Une maison de maître nouvellement acquise dans l'un des faubourgs de Givry, qui a coûté environ 24,000 livres ; pourroit être amodiée 500 livres[1]... » La nation vendit : Le Cellier-aux-Moines, pour le prix de 62,400 livres (26 juin 1791) ; les autres biens, moyennant la somme totale de 89,367 livres, 6 deniers (26 juin 1791, 11 avril et 8 août 1792, 7 brumaire an III et 5 brumaire an V).

Biens de l'abbaye de Maizières.

Cette abbaye possédait à Givry dès le XIIe siècle, puisqu'en 1170 Pierre, évêque de Chalon, lui abandonna la dîme des biens qu'elle avait audit lieu à perpétuité[2]. Parmi ces biens citons le pré du Vernoy (*Verneti*)[3], une vigne *En Selvannines*[4], un plâtre *cum estallis*[5], etc. Il semble que les religieux aient échangé presque tous ces biens, en 1280, contre un cens annuel de trois deniers[6].

Biens et droits de diverses communautés.

Un procès-verbal dressé en 1635 constate que de 1580 à cette date l'abbaye de Saint-Pierre de Chalon a aliéné, entre autres choses, sept ouvrées de vignes à Givry[7].

Le prieur de Sainte-Croix de Chalon avait une vigne sur Givry en 1303. Celui de Saint-Laurent était patron de l'église et décimateur de la paroisse de Russilly, mais ses revenus étaient

---

1. Archives de Saône-et-Loire, H. 53, n° 73.
2. Id., H. 54, n° 1.
3. Id., ibid., n° 2.
4. Id., H. 55, n° 25.
5. Id., ibid., n° 42.
6. Id., H. 56, n° 60.
7. Id., H. 130, n° 34.

pour ainsi dire nuls au XVIII° siècle[1]. Celui de Saint-Marcel fut dépouillé, en 1791, de plusieurs pièces de vigne et de terre qui furent vendues nationalement pour le prix de 5,200 livres (25 avril).

Les carmes et les cordeliers de Chalon avaient acquis aussi à Givry au XVII° et au XVIII° siècles des maisons et des vigneronnages qui furent vendus comme biens nationaux, pour ce qui est de la première communauté, les 25 avril 1791 et 11 avril 1792, moyennant 30,000 livres, pour ce qui est de la seconde, le 4 mai 1792, moyennant 2,040 livres.

Les possessions de la commanderie du Temple de Chalon et celles de la commanderie de Saint-Antoine de la même ville remontent au moyen âge[2].

Les templiers avaient des dimes, qu'ils ne pouvaient amasser qu'après la levée de celles de l'évêque[3]. Leur domaine, bâtiment, écurie, pressoir, jardin et vignes, fut vendu 24,000 livres le 28 frimaire an III. Les antonins étaient plus riches: leurs biens produisirent la somme totale de 76,075 livres.

A la fin du XVI siècle, un habitant de Chalon, Pierre Fleury, donna aux jésuites qui dirigeaient le collège de cette ville dix pièces de vigne et une soiture de pré sur Givry, Russilly et Poncey, qui revinrent à l'Etat en l'an II et furent par lui aliénées au prix de 40,525 livres (18 pluviôse).

---

1. « La dixme de Russilly est amodiée 420 l. à M. le curé de la paroisse, qui retient 300 l. pour sa portion congrue, (et) il fait une refusion de 120 l. au prieur pour 36 ouvrées de vignes et autres fonds compris dans l'amodiation ». (Archives de Saône-et-Loire, C. 132, n° 61.)
2. Cf. Cartulaire de Saint-Vincent, p. 235, et Archives de Givry, GG. 74, fol. 19 v°.
3. Archives de Saône-et-Loire, G. 39, n° 1.

IV. — COMMUNAUTÉ DES HABITANTS ET ADMINISTRATION DE LA VILLE

L'histoire des franchises de Givry est liée à celle de ses privilèges. Les unes et les autres datent du milieu du XIIIᵉ siècle[1].

L'affranchissement fut l'affaire de 50 livres, à l'acquittement desquelles les hommes de l'évêque obtinrent, en 1283, de la *communitas* des autres habitants, de ne pas contribuer[2].

Mais les droits d'usage dans les bois et ensuite la propriété de ces derniers furent achetés plus chèrement, car de 1253 à 1790, les seigneurs ne cessèrent de contester aux habitants ce que ceux-ci avaient à maintes reprises payé au poids de l'or. Ils trouvaient aisé de vendre, de reprendre, de revendre, de reprendre encore, de revendre et de reprendre indéfiniment. On le verra par une analyse rapide des documents.

En 1253, les habitants assurent à Girard de Montfaucon, et à son frère, Hugues de Montfaucon, chevalier, 50 livres viennois d'annuel cens pour l'abandon de leurs droits dans le bois de Braigneau.

En 1261, Guillaume, Elisabeth, Henri et Josserand de Saudon obtiennent 260 livres dijonnois pour la cession du plein usage dans le même bois.

En 1283, Guillaume de Mello se fait donner 220 livres par les hommes de l'évêque pour les admettre à la jouissance des droits des autres habitants de Givry[3]; en même temps il porte de 50 livres à 60 le cens annuel[4].

En 1286, Agnès de Saint-Verain reçoit 200 livres tournois pour la confirmation de la « foresterie[5] » des habitants[6].

En 1328, Marie de Châteauvillain exige 400 livres tournois pour restituer « li boiz que li sires havoit torney por devers soy et mis en sa main », et pour transformer, semble-t-il, les droits d'usage « en propriétey et en héritaige perpétuel[7] ».

En 1439, Louis de La Trémoïlle confirme, moyennant 200 livres tournois, les anciens privilèges, en même temps que la propriété des bois, pour lesquels on lui versait d'ailleurs 105 livres et 10 gros tous les ans.

---

1. Nous avons vainement cherché la mention qui, d'après M. Canat, en serait faite dans un acte de 1226, du cartulaire de l'évêché de Chalon. (*Documents inédits pour servir à l'histoire de Bourgogne*, 1863, p. 191.)
2. Voir à la fin de notre travail (*Pièces justificatives*, I) cette charte importante dont il nous a paru indispensable de publier le texte intégral.
3. *Pièces justificatives*, I.
4. *Pièces justificatives*, II.
5. Juridiction des bois communaux.
6. *Pièces justificatives*, II.
7. *Pièces justificatives*, III.

On achète de Guillaume de Colombier, en 1556, le bois Genlis, moyennant la somme de 115 livres tournois.

On prend à cens : en 1565, de François d'Amanzé, le bois de Courchevreuil[1], à raison de 2 francs tournois par an; en 1570, de Jean de Vienne, le bois de Messire Jacques, moyennant 122 livres, 6 sous de frais, 120 écus d'or d'entrée et 8 francs, monnaie courante, de cens.

Puis vient la série lamentable des procès, presque toujours gagnés, sans cesse recommencés. Dès 1436, il faut se faire maintenir contre Guy de La Trémoïlle, en la jouissance et possession des bois communaux. En 1618 et en 1623, c'est contre Pierre de Saint-Clément, seigneur de Taizé et de Cortelin, qu'il faut plaider ; en 1639, contre Jean-Baptiste Marloud, propriétaire de La Grange-Saugeot; en 1705 et en 1709, contre le duc de Foix; de 1715 à 1717, contre M. Burgat, seigneur de Taizé; en 1717 et en 1731, contre le procureur général en la maitrise particulière des eaux et forêts de Chalon ; de 1716 à 1726, contre Messire Abraham Quarré; de 1761 à 1769, de 1783 à 1785, et de 1786 à 1793, contre les propriétaires n'habitant pas Givry mais ayant néanmoins « droit de mise[2] » ; etc.

Une citation suffira à montrer ce que coûtait aux habitants cette propriété si chèrement acquise et si chèrement sauvée.

« Citoyens, leur écrit de Dijon, le 10 septembre 1793, l'avoué Chanite, dans le gros procès où j'ai occupé pour votre commune contre les forains[3] de Givry, qui nous ont tant fait essuyer d'incidents occasionnés par leur despotisme, mes avances et vacations reviennent à 3,555 l., 19 s., 9 d., sur quoi j'ai reçu 2,353 l. ; il me reste dû 1,202 l., 19 s., 9 d., que je vous prie de me faire parvenir[4]... »

Les privilèges proprement dits, l'existence même de la com-

---

1. Entre 1562 et 1572, Philiberte Baillet, veuve de Hugues Le Marlet, avait déjà acensé le bois de Courchevreuil aux habitants, moyennant 4 francs tournois par an et pour une fois seulement 8 feuillettes de vin du meilleur cru de Givry livrables dans les quinze jours au château de Pouilly. (*Inventaire des archives de Saône-et-Loire*, E. 1320.)
2. « On appelloit *être de la mise* l'habitant ou le forain porté sur le rôle de répartition qui se faisoit tous les ans de la redevance pour laquelle les bois avoient été anciennement acensés... Ceux qui n'en étoient pas, n'avoient aucun droit dans ces bois... » (Mémoire du XVIIIᵉ siècle. Archives de Givry. DD, 33.)
3. Propriétaires forains.
4. Et les menues dépenses auxquelles conduisaient ces procès. En voici un exemple tiré des comptes de 1725 et 1726 : 255 l., 17 s. « pour 218 livres de sucre, à raison de 21 s., 6 d. la livre. pour faire des reconnaissances à des Messieurs de Besançon », ensuite du procès de la communauté contre le seigneur. M. le conseiller Quarré, au sujet de la justice des bois; 218 l., 3 s. « pour 198 autres livres de sucre, à raison de 22 s. la livre, pour estre employé au remersiment de la bonne justice qu'on avoit rendu » ; 10 l , 5 s., 8 d. « tant pour faire dire des messes en action de grâces que argent donné au lacquais du (conseiller) raporteur de l'arrêt du 17 mai qui condamne M. Quaré avec despens » ; 12 s. « pour despense faitte avec les clercs de M. Colin, procureur des habitans au parlement de Besançon » ; « 14 l. payées tant en despense que autrement avec les clers et lacquais des sieurs conseillers (au parlement de Besançon), pour avoir liberté d'entrer chez eux, pour leur parler, et pour les récompenser de leurs peines et soins ».

mune, la vie municipale en un mot, datent de la charte par laquelle Louis de La Trémoïlle, en 1439, donne aux habitants « auctorité, puissance et faculté de povoir chascun an eslire et ordonner entre eulx eschevins et personnes soffisans de leurs, jusques au nombre de quatre et au-dessoubz, qui auront le gouvernement d'eulx et de leurs affaires, sans avoir aucune congnoissance de cause ou préjudice de [ses] droiz et seignorie, parmi les [lui] présentant ou à [sa] justice de Givry, affin de recepvoir leurs seremens ad ce appertenans, quant ilz seront esleuz chascun an, et de faire giefz et collectes sur eulx, eslire recepveurs, et de leurs deniers ouïr les comptes et recepvoir les reliqua sans appeler ad ce faire aucuns de [ses] gens et officiers dudict lieu si ne leurs plaît ».

Le terrier de 1609, auquel nous avons déjà fait un intéressant emprunt, détermine bien le faisceau des privilèges qui nous occupent : « Premièrement, dient et confessent les habitans que la totalle justice, haute, moyenne et basse, appartient à ma dame, fors et réservé ès bois et forêts de Braigneau appartenant auxdits habitans avec la moyenne et basse justice, et pouvoir par lesdits habitans instituer chacun an les officiers annuellement ou quand bon leur semblera, tant pour le jugement des mésus, amandes et interrêts, que pour la garde, et s'il y a aucun appel de leurs besongne ou jugement, lesdites appellations ont accoutumées être relevées par-devant les officiers de madite dame pour y être jugées... De même iceux habitans sont au pouvoir de chacun an eux assembler pour élire et choisir iceux officiers, échevins et élus nécessaires pour la conduitte des affaires communes, sans qu'autres en prennent connoissance... Comm' aussi élire forestiers pour la garde de leurs vignes et bois, laquelle élection se fait à la Saint-Barthélemy ou plutôt en cas et selon la nécessité... Sont aussi au pouvoir eux assembler pour faire tous jects et impositions, faire recette, élire et commettre receveur, ouïr tous comptes et recevoir le reliquat dudit compte... Que ladite forest de Braigneau appartient auxdits habitans... Plus leur appartient les bois Messire Jacques... Comm'encore un autre bois appellé *le bois de Courchevreuil*... En tous lesquels bois iceux habitans ont et leurs appartient pour eux et leurs successeurs à perpétuité tous droits et propriété annuelle et perpétuelle, tant de vifs et vain pâturage, de prendre, coupper et emmener desdits bois pour leurs chauffage, que pour bâtir et entretenir leurs bâtiments assis rière le territoire de Givry seulement, dont yceux habitans ont pouvoir d'y établir une règle et marque par leursdits officiers, tout ainsi que bon leurs semble comme maîtres et propriétaires desdits bois... Ont iceux habitans de tous tems accoutumés eux assembler au tems des vandanges pour aviser et choisir le premier jour que l'on vendangera, dont les clousiers et forestiers par eux établis en font leurs rapports en ladite assemblée, et sur lequel lesdits habitans opinent et donnent jour pour lesdites vandanges, avant lequel nul ne peut, ny ne doit vendanger, à peyne de l'amande selon qu'elle sera arbitrée, et des interrêts, lesquels amandes et interrêts sont jugés par les officiers de madite dame à son profit, par-devant lesquels est rapportée la volonté et *résolution* desdits habitans, et ledit premier jour assigné délaissé à madite dame pour faire ses vendanges, auquel premier jour nul ne peut vendanger sans sa permission, à peynes des amandes et interrêts, et le landemain lesdits habitans dudit Givry et autres y ayans héritages, y pourront vendanger... Nul autre que les habitans ne peut prendre ouvriers en la place commune, pour les distraire de ladite terre, qu'après qu'iceux habitans seront fournis, à peine de l'amande... Pour le fait de la police, et tout ce qui conserne icelle, le procureur de ma dame y vacque avec lesdits échevins ou l'un d'iceux, dont tous les mésus se rapportent par-devant les officiers de madite dame pour y être jugés ; les amandes et interrêts pour la moitié d'iceux appartient à madite dame, et l'autre moitié auxdits habitans... Qu'à madite dame appartient la tour de la prison proche la poterne, où l'on a accoutumé de mettre les prisonniers, avec cinquante toizes de murailles et fossés de chacun côté d'icelle tour, l'entrée et issue de ladite ville, et le reste appartient auxdits habitans... »

Les assemblées des habitants qui se faisaient *En Craye*, c'est-à-dire en plein air, au XIV⁰ siècle, eurent lieu, l'échevinat une fois constitué, dans un local *ad hoc*, qui fut, pendant très longtemps, la maison de la confrérie du Saint-Esprit, située dans l'ancienne rue de Beaune, près la porte de même nom, puis, à la fin du XVIII⁰ siècle, la tour de l'Horloge, où une grande salle sert aujourd'hui encore aux délibérations du conseil municipal.

Ces assemblées étaient toutes générales avant 1725 ; mais à partir de 1726 on élut, conformément à une ordonnance des commissaires généraux de la province, « douze notables et principaux habitans de chacque état et condition, pour deslibérer dans la suitte sur toutes les affaires qui surviendront dans la communauté et régler les différants conjointement avec les sieurs maire et échevins », les autres habitants « pouvant néantmoins assister aux assemblées ».

La présidence resta dévolue aux baillis jusqu'à l'institution des maires.

Les uns et les autres furent impopulaires, ceux-ci, parce que acquéreurs d'un office dont le rachat fut poursuivi à gros deniers par les habitants, ceux-là, parce que défenseurs intraitables des droits des seigneurs.

L'hostilité paraît s'être manifestée surtout au commencement du XVIII⁰ siècle. Dans la séance du 18 novembre 1714, on voit que « M⁰ Philippe Bruère, notaire royal à Givry, estant survenu, auroit avec furie et emportement pris et saisy le registre (des délibérations), sous prétexte que nous (André Rateau) n'étions point maire, et qu'il ne luy avoit point apparu de nostre réception, qu'il vouloit la voir, en qualité d'officier du seigneur, n'ayant ledit sieur Bruère rendu ledit registre qu'après l'avoir beaucoup froissé entre ses mains... »

Ce sont, en 1716, des poursuites qu'il faut voter contre

« plusieurs des principaux habitans [qui] ont eu l'administration des deniers et affaires de la communauté sans que, jusque à présent, ils en ayent voulus rendre compte, sous prétexte qu'ils sont officiers de la justice ou parentz desdits officiers ».

C'est, en 1717, la révocation de Pierre Saulney, échevin, « disant publiquement qu'il ne vouloit rien faire en tout ce qui regarderoit la communauté contre Monsieur Quarré ».

En 1720, le maire se trouve dans la nécessité de proposer la création de « deux sergents de maire, attendu les bruits et insultes qui se commettent dans la chambre commune aux assemblées, et pour faire mettre en exécution les ordonnances de Sa Majesté[1] ».

C'est encore, en 1722, un procès-verbal dressé contre le sieur Mazille, sergent en la justice de Givry, qui « seroit survenu dans la chambre commune, auroit signifié avec audace une sommation au sieur Pierre Roux, l'un des eschevins, quoiqu'ayant un domicille, ce qui est contre les règles..., et s'est une insulte qui ne peut se tollérer... »

C'est enfin, en 1733, l'acte donné à M. Dupon, maire, des « insultes atrosses que le sieur Adenot lui a faites, disant *qu'il estoit droit comme une faussille* (peut-on plus insulter un officier dans son siège ?) et *qu'il avoit vendu un cochon de lait et un dinde huit livres* ».

On sait que Louis XIV, dans un but purement fiscal, créa en 1692, des offices de *maire perpétuel* dans toutes les villes et communautés du royaume.

Les titulaires de cette charge, à Givry, sont : Joachim Liébault, marchand à Poncey (1693); François David, épicier[2] (1696), dont la finance fut réglée à 3,126 livres, 17 sous ; André Rateau, chirurgien (1714), acquéreur de la veuve de François David, pour la somme de 2,400 livres ; Vivant Jolivot-Dupon, bourgeois de Givry (1716), nommé par les élus des Etats, contre Philippe Bruère, candidat du gouverneur de la province, que les habitants n'avaient pas agréé[3].

Dès 1714, on s'était préoccupé du rachat de cet office. « Il y a des personnes de cette communauté, lit-on dans une délibération

---

1. C'est en 1783 seulement que l'intendant autorisa l'institution de « deux valets ou sergents de ville, pour le service de la communauté, nottament pour assister le procureur sindic dans l'exercice de la basse justice qui appartient aux habitans, pour la police, le maintien du bon ordre dans la ville et les marchés d'icelle, et pour tout ce qui concerne le service intérieur et extérieur de la communauté, aux gages de 50 livres annuellement pour chacun, avec tous les six ans un surtout de gros drap bleu avec parement rouge, aux armes et livrée de la ville ».

2. Le sieur François David « faisoit cy-devant les fonctions de juge » et était « chagrin de sa destitution » (4 janvier 1709). Voir le procès que les habitants lui intentèrent en 1708 au sujet de sa comptabilité (Archives de Givry, CC. 139.)

3. En 1717, on vote 15 l. pour cinq journées d'un voyage à Dijon « pour porter une délibération à M. Debière, trézorier du Roy de cette province, au sujet de la mairye de Givry, qui estoit destinée pour une personne qui ne convenoit pas à la communauté ».

du 10 juin, qui se flattent de se faire pourvoir de la charge de maire de Givry, au préjudice de la suppression d'icelle ; les eschevins demandent sy les habitans veullent consentir de faire le rembourcement de ladite charge à la veuve de fut M**ʳᵉ** François David, cy-devant maire, laquelle est sur le point de la remettre à une personne, attendu qu'il est dit dans les provisions d'icelle que pour conserver les privilèges, elle la doit résigner avant un an après le décès de son mary... Lesquels habitans donnent pouvoir auxdits eschevins de proposer à la damoiselle veuve du sieur David, sy elle veut prendre un contract de rente sur ladite communauté pour le rembourcement de ladite charge de maire ».

En 1729, on cherche les moyens de se procurer, soit par la voie d'un emprunt, soit par l'installation d'un octroi, les 5,000 livres nécessaires au rachat de toutes les charges municipales. En 1737, les élus réduisent cette somme à 2,500 livres. Enfin, en 1741, à la mort de Vivant Jolivot-Dupon, ils suppriment purement et simplement l'office.

Le soin des affaires est dès lors confié tout entier au syndic perpétuel, lequel, en 1762, est Vivant Lafouge, à qui l'on vote une pension annuelle de 150 livres, que les habitants « souhaiteroient être en état de proportionner à son mérite, mais ils sont dans une misère extrême ».

Quant aux autres charges, elles disparurent peu à peu. En 1709, les habitants versèrent au trésor royal 1,000 livres « pour l'extinction d'un office d'échevin créé héréditaire par édit du mois de janvier 1704 et la réunion des fonctions dudit office au corps des maire, échevins, syndic et communauté, aux gages effectifs de 55 livres, 11 sols, 1 denier par an[1] ». Puis, en 1722, les échevins furent autorisés à faire liquider les quatre offices de procureur du Roi de la communauté, de greffier ou secrétaire de l'hôtel de ville, de greffiers des rôles des tailles, de receveurs alternatifs et triennaux, de premier échevin ou échevin concierge, tous rachetés par ladite communauté.

Au mois de novembre on élisait les quatre échevins, à raison d'un pour la ville, un pour les faubourgs, un pour Cortiambles, un pour Russilly, les quatre[2] asséeurs ou répartiteurs de l'impôt, le juge de la juridiction des bois communaux[3], les gardes gruyers, messiers, blayers, vigniers et closiers. Puis on nommait, au commencement de l'année, les deux collecteurs ou receveurs des deniers royaux et patrimoniaux, qui faisaient généralement « le rabais du sol la livre ».

---

1. En vertu d'arrêts du Conseil des 25 août et 16 septembre 1720, ces gages furent même « réduits au denier cinquante et n'eurent plus cours que pour la somme de 20 livres ».

2. Réduits à trois en 1723, les élus généraux ayant fait défenses aux habitants de la ville de Givry, tant enclos que faubourgs, d'avoir un nombre plus grand d'asséeurs que chacune des paroisses de Cortiambles et Russilly.

3. Les jours de cette justice, dont les dossiers se trouvent aux Archives de Givry (série BB), se tenaient dans la maison de la confrérie du Saint-Esprit, comme les assemblées des habitants. Le juge avait 10 livres de gages annuels en 1727.

Les impôts de l'ancien régime étaient : la taille, soit pour Givry 6,210 l., 15 s. en 1747 ; — le taillon, soit 1,783 l., 12 s. en 1749[1] ; — la capitation, calculée « au sol la livre de la taille royalle », soit 1,428 l. en 1747[2] ; — le dixième, soit 2,460 l., 18 s. en 1747 ; — l'entretien des garnisons, soit 1,437 l., 16 s. en 1749 ; — la subsistance des troupes et l'exemption des gens de guerre, soit 1,783 l., 12 s. en 1749[3] ; — le don gratuit, soit 1,055 l., 12 s. en 1749 ; — l'octroi ordinaire, soit 318 l., 10 s. en 1749.

A la veille de la Révolution, en 1789, la taille s'élevait à 6,156 l., 9 s. pour Givry, 2,335 l., 16 s. pour Cortiambles, 668 l., 3 s., 6 d. pour Russilly; la capitation, à 976 l., 2 s. pour Givry, 372 l., 14 s. pour Cortiambles, 106 l., 9 s., 6 d. pour Russilly[4].

La rentrée de ces impôts ne se faisait pas toujours exactement et le mauvais exemple venait souvent de haut : ainsi, en 1647, aucun sergent n'osait aller exécuter Jean Bouchin au château de Charnailles ; ainsi, en 1735, les fermiers du fief de Mortières ne voulaient pas acquitter leur cote de la capitation ; ainsi encore, en 1741, M. Perrault, lieutenant criminel au bailliage de Chalon, refusait, à plusieurs reprises, de payer les 30 livres qu'il devait pour la Grange-Saugeot, « disant qu'il s'en moquoit » ; etc.

Les « deniers communs » levés sur les habitants s'ajoutaient au revenu des biens de la ville[5] et à la ressource des emprunts. Parmi ces derniers, les plus importants sont ceux que l'on fit : de l'hôpital de Chalon, 200 francs en 1584, et 4,000 livres en 1767 ; de Pierre Pennet, apothicaire audit Chalon, 100 écus en 1591 ; d'Esme Vadot, marchand au même lieu, 1,000 livres en 1592 ; de Marie de Pontoux, veuve du baron de Saint-Huruge, 1,000 livres en 1631 ; de François de Pise, orfèvre à Chalon, 900 livres en 1652. Mais on fut toujours opposé à la création d'un octroi, si bien qu'on alla jusqu'à voter, en 1731, 1,250 l. « à M. le Trésorier général des Etats à Dijon, pour empescher (celuy) que l'on estoit sur le point d'establir ».

Une source de recettes à signaler encore, c'est le *droit d'habitantage* qu'on prélevait sur tout nouveau venu, admis par la communauté à résider, et qui était de 6 l. en 1637.

A l'aide de tous ces produits, les échevins pouvaient obvier aux besoins nombreux de la ville et des hameaux, appointer les

---

1. En 1601, le taillon se payait : à Givry, 66 écus 2/3, à Cortiambles, 7 écus, à Russilly, 5 écus 3/4, à Mortières, 5 écus.

2. Parmi les privilégiés, citons le maire, qui, en 1712, payait la capitation diminuée d'un sixième, soit 8 l., 6 s., 8 d. au lieu de 10 l.

3. En 1666, cet impôt, réparti sur le pied de 6 l., 5 s. par feu, produisait 1,825 l.

4. Il y avait alors : à Givry, sept privilégiés, dont deux ecclésiastiques (M° André Laurent, curé, et M° Antoine Lardillon, mépartiste), trois nobles (le baron de Rochemont, Mmes de Thésut et de Thésut de Moroges), deux vétérans (Jean Adenot et François Canus) ; à Cortiambles, un privilégié, M° Toussaint Léger, curé dudit Cortiambles et de Poncey ; à Russilly, pas de privilégié. (Archives de la Côte-d'Or, C. 6706 et 6683.)

5. Ses magnifiques forêts, dont la contenance était évaluée à 2,008 arpents en 1752, ses carrières, les corps de garde, les jardins des fossés et quelques terres (Archives de Givry, série DD). Étaient amodiées : la glandée des bois, 2,050 l. en 1723 ; les carrières rouges, 36 l. en 1729.

agents salariés, entretenir les édifices, murs, fontaines, abreuvoirs, fours, ponts, puits et lavoirs, assurer le pavage des rues[1] et le rechargement[2] des routes[3], célébrer des réjouissances publiques[4], ménager des protecteurs aux habitants[5], payer les

[1]. C'est en 1718 qu'on décida de paver les rues de l'enclos de la ville.
[2]. En 1726, on vote 7 l. « pour une feuillette de vin pour faire boire les habitans pendant qu'ils ont travaillé aux réparations des chemins ».
[3]. On ne voyait plus, à la fin de l'ancien régime, les particuliers s'intéresser directement, comme au moyen âge, à tous ces travaux. Ainsi en 1310, Huguenet dit *Raquillat*, laissa par testament, à l'œuvre de la reconstruction du pont *dou Vernoy*, deux sous dijonnois, et à l'œuvre du pont *des Perrons*, pareille somme. En 1379 encore, Philibert Marceau donna, pour s'acquitter du vœu qu'il avait fait d'aller à Saint-Jacques en Galice, cent francs d'or à employer sur les routes, en l'honneur dudit saint, savoir vingt à la réparation du pont *de Verneyo*, soixante à celle du pont *des Perrons*, et vingt à celle du pont *de Ponpierre* près Chalon.
[4]. On en était amateur alors comme aujourd'hui. Votes : en 1638, 54 s. « pour avoir mené deux chars de bois sur la montagne pour faire des feux de joye en l'honneur de la naissance du prince Dhaufin », le 12 septembre, 5 l., 12 s. pour le vin bu par tous les habitants, le même jour, 6 s. pour « du papier pour faire des cornests pour livrer à chacun un carteron de poudre pour la revue en l'honneur » de ladite naissance, ledit jour ; en 1654, 3 l., 7 s. « pour les feux de joye de la levée du siège d'Aras » ; en 1684, 7 l., 10 s. pour les feux de joye faits pour la prise et conqueste du Luxembourg ; en 1737, 10 l., 10 s. « pour sept livres de poudre, à trente sols la livre, pour les feux de joyes au tems de la réjouissance de Mgr le Duc », 33 l., 12 s. « pour une feuillette de vin pour faire la piramide » ; en plus 12 s. « à ceux qui ont été chercher les buis pour faire la piramide » ; en 1738, 3 l. « pour huit aunes de rubans pour les cocardes du sergent et du tambour pour la réjouissance de Mgr de Bourbon » ; en 1743, 4 l. « pour le bois fourny lors de la réjouissance de Mgr de Chalon » ; etc. — Voici qui donnera une idée de la spontanéité des manifestations de ce temps : « Comme les habitans, dit le lieutenant ordinaire en la justice de Givry, à l'occasion de la naissance du Dauphin, fils de Louis XV (1729), comme les habitans de cette ville désirent une licence et une liberté entière pour faire éclater davantage la joye d'un si grand bienfait par des plaisirs innocens... Ordonnons que dimanche prochain (25 septembre), à l'issue des vêpres, les habitans seront tenus de se rendre dans la place publique et au-devant des halles, avec leurs armes, pour y faire au moins trois décharges, en marchant par ordre et sans confusion, et notamment devant la maison seigneuriale de ce lieu... Ordonnons à tous propriétaires et locataires des maisons de la ville sans distinction de faire allumer sur chacune de leurs fenêtres au moins deux chandelles depuis les six heures et demie du soir et de les laisser éclairer jusqu'à ce qu'elles soient usées, et même de se joindre jusqu'à quatre voisins ensemble pour allumer des feux dans touttes les rues de quarante pas en quarante pas, et de nettoyer exactement le devant de leursdittes maisons même dès aujourd'huy (samedi 24 septembre)... Les contrevenans (seront) condamnez à l'amande arbitraire... » (Archives de Saône-et-Loire, série B.
[5]. Que de dons ne voyons-nous pas faire à « des personnes de probité et de considération » ! C'est du vin à M. de Chalon en 1632, à M. d'Ozenay, lieutenant au château d'Auxonne, et à Mgr le prince (de Condé), en 1637, à M. du Verger, maréchal de l'armée de M. de Longueville, en 1639, à M. de Fleix en 1643, à M. le premier Président en 1654, à M. Philibert Grassot, procureur à Chalon, en 1717, à M. Dunod, avocat à Besançon, en 1720. Ce sont : deux autours, un levraut, une longe de sangle, une douzaine de merles, quatre perdrix, deux poules lombardes et un quartier de chevreuil à M. de La Baume, à Sennecey, en 1637 et en 1638 ; deux bécasses et un demi cent de poires « de bon crettien » à M. Julien, de Chalon, en 1639 ; deux canards et un faisan à M. Girard, secrétaire de Mgr le Prince, en 1637 et en 1654 ; des écrevisses à M. d'Uxelles, en 1654 ; deux coqs d'Inde à Mgr de Chalon, en 1654 ; deux pains de sucre, des boites de confiture, une *douzaine de citrons*, six dindons et douze poulets à Mlle de Vieux-Pont, en 1663 ; des chapons et des poulardes à M. de Blancey, en 1737. C'est encore du beurre à M. le marquis de Trichâteau, en 1632, une boîte de saucisses à M. Tainturier, procureur, en 1732. Puis à divers, un chevreuil, un marcassin, du poisson, etc., etc.

messes que l'on croyait indispensables « pour la prospérité de la communauté[1] ».

Les dettes s'élevaient à 534 l., 1 s., 6 d. de rente annuelle en 1656[2].

Le corps des officiers de la maison de ville portait pour armes d'azur à trois épis de blé d'or posés en pal et rangés en fasce et trois glands de chêne de même posés deux en chef et un en pointe[3]. Ce blason est reproduit sous le titre de la présente notice[4].

Les habitants des paroisses de Cortiambles et de Russilly se réunissaient aussi en assemblées générales, les premiers « sous le chapiteau (porche) qui est au-devant de l'église et principalle entrée du lieu », les seconds « sur la place du four commun », pour y délibérer de leurs affaires particulières et y entendre les comptes spéciaux de leurs échevins.

Cortiambles n'accepta pas facilement sa dépendance de Givry, mais Russilly surtout, qui forma longtemps encore après 1317 une prévôté, administrée par un maire, dont tous les habitants même n'avaient pas obtenu l'affranchissement à la fin du XVe siècle[5], a conservé presque jusqu'à nos jours des tendances à l'autonomie[6].

---

1. Vote de 45 s. pour cet objet en 1724.
2. Archives de la Côte-d'Or, C. 4809.
3. Les armoiries que l'on attribue parfois à la ville de Givry, et qui seraient parti de la première moitié d'azur à la gerbe de blé d'or et de la seconde moitié de gueules à trois glands de chêne d'or tigés de même et feuillés de sinople, nous paraissent fantaisistes ; elles n'ont pas reçu, en tous cas, la consécration officielle de l'enregistrement dans l'*Armorial* de d'Hozier. On ne trouve dans ce recueil que les armes des officiers de la maison de ville, celles des chirurgiens, celles des marchands, celles des tisserands et blanchisseurs de toile, et celles des tonneliers de Givry.
4. C'est lui sans doute qui a été peint sur la girouette de la porte du Mouton en 1688, brodé sur les uniformes des sergents de ville et gravé par Delorme-Delatour, imprimeur du Roi à Chalon, en 1781.
5. « Procès-verbal de signification de lettres de désaveu et d'affranchissement obtenues par Guillaume Monnot, de Russilly, homme mainmortable de Jean Choux, écuyer », entre 1459 et 1483. (*Inventaire des archives de Saône-et-Loire*, E. 1395.)
6. Jugements rendus en 1695 et en 1707 par l'intendant de la province qui condamne : Russilly, à contribuer au rachat des offices de procureur et secrétaire de la ville ; Cortiambles, Russilly et Poncey, à contribuer au rachat des offices réunis au corps de ville (Archives de la Côte-d'Or, C 2715 et 2928). — Remontrances des habitants de Givry au sujet de la requête adressée en 1721 aux élus généraux de la province par les habitants de Cortiambles et Russilly « tendante à ce qu'il plût auxdits seigneurs de les séparer de la taille d'avec ceux de Givry... Ladite requeste n'est qu'une continuation de plusieurs tentatives qu'ils ont fait contre leurs propres interestz à une désunion de communauté qui devroit estre unie, qui est leur propre soulagement, par les aventages de ceux qui leurs sont procurés par les habitans de la paroisse de Givry, dont on s'expliquera... Leur nouvelle tentative n'est fondée que sur le mensonge et la supposition, dont la vérité l'emportera... » (Archives de Givry, BB. 7.)

V. — FORTIFICATIONS DU BOURG ET FAITS DE GUERRE

Dès 1247[1] on trouve mention du *castrum* de Givry, mot que les documents traduisent ensuite par « forteresse de Givrey » (1408) et « ville et fort de Givry » (1528).

Le mur d'enceinte, dont il reste encore d'importantes parties, avait deux mètres d'épaisseur et était couronné par un parapet crénelé. Il formait un quadrilatère, percé de quatre portes et deux poternes, flanqué de huit grosses tours et entouré de fossés profonds.

On entretenait ce mur soigneusement. En 1632, notamment, on releva la *muraille de la Planchette*; en 1640 et en 1643, on dépensa 200 livres d'une part et 126 livres d'autre pour la mise en état des fortifications ; en 1652, on procéda à la visite des parties « nouvellement refaictes »; en 1653, on en releva « cinq thoises et deux tiers »; en 1724 encore, on répara quatre grandes brèches ; etc.

Du centre de la ville, c'est-à-dire de la place où sont l'ancienne halle et la fontaine monumentale[2], on voyait les quatre portes, qui répondaient à peu près aux quatre points cardinaux. Elles étaient dénommées *porte de Beaune, porte du Mouton, porte de l'Horloge* et *porte de la Poterne*. Chacune d'elles était munie d'un corps de garde. La porte de l'Horloge a été rebâtie en 1771 ; on y a ménagé, au premier étage, une grande salle où se faisaient autrefois les assemblées de la communauté, où ont lieu aujourd'hui les réunions du conseil municipal. La porte du Mouton était surmontée d'une girouette en fer battu, sur laquelle on fit peindre, en 1688, d'un côté les armes du seigneur, et celles de Givry de l'autre.

Les deux poternes étaient *la poterne Chalandre* et *la poterne Guérault*.

Parmi les tours, citons *la tour Saint-Martin*, l'une des plus importantes, près de laquelle on voit encore, dans une niche de la muraille, une petite statue de saint Martin, *la tour de la porte de l'Horloge*, décorée d'une horloge fournie en 1717 par

---

1. Bien mieux, en 1213 déjà il est question d'un *posticium* (poterne) *Gibriaci* (Archives de Saône-et-Loire, H. 26, n° 49). — Il ne semble donc pas que ce soit « Guillaume de Mello, époux d'Isabelle de Bourbon (?), (qui ait) permis (aux habitants) de clorre de murailles leur petite ville, d'y mettre un châtelain qui soit gentilhomme, ou à défaut un bourgeois notable » (Courtépée, p. 29.)

2. « Fontaine publique jaillissante, à quatre tuyaux, d'une eau légère et limpide qui vient du coteau par des tuyaux en fer et en plomb, posés en 1776, de 1,770 pieds de long, ornée de quatre dauphins et couronnée d'un demi obélisque sur lequel est une méridienne » (Courtépée, p. 31.)

« le sieur Antoine Mourand, m^re orlogeur en la ville du Pontdeveaux » et d'une « montre sollaire » installée en 1733, *la tour de la porte du Mouton, la tour de la prison, la tour Occanot*, etc.

Les fossés, sur lesquels il y avait anciennement des pontslevis, un notamment à la porte du Mouton qui fut « faict tout à neuf » en 1654, et un autre à la porte de l'Horloge, étaient, au XVIIIe siècle, convertis en jardins, « à l'exception d'une huitième partie, où étoit un petit pavillon d'arquebuse[1] ».

L'histoire nous renseigne peu, malheureusement, sur les sièges que subit la ville. En 1346, le duc de Bourgogne mit à Givry vingt hommes d'armes de garnison[2].

En 1360, une compagnie de routiers occupa la place, et fut tenue en respect par le châtelain de Montaigu[3].

En 1370, Guy de Tremblay, Philippe de Jaucourt, Jean de Tintry et Guillaume de La Trémoïlle envoient un messager au duc pour l'avertir qu'ils « avient faiz vuldier et départir les Bretons qui alors estient à Givrey sur le païs doudit M. le Duc [4] ».

En 1438, au mois de février, les écorcheurs avaient pris la ville[5].

Une troupe d'environ 800 robeurs la saccagea en 1523[6].

Puis vinrent les guerres de religion et les troubles de la Ligue.

Guillaume Julien, sieur de Reclesne, qui était capitaine de Givry au mois de mai 1576, ne put empêcher les reitres de Jean-Casimir d'y entrer cette année-là, et de s'y livrer au pillage de l'église et à l'incendie des maisons[7].

Nouveaux sièges en 1589 et en 1592. Le dernier dura quatre mois au moins, d'après la date des décès que les curés ont soigneusement enregistrés : « sepeulture de Pierre Souez, le vingtiesme de mars 1592, et fust tué par les soldat de Montagu » ; — « sepeulture de Guy Chappeaulx, le XXVIIIe du moys d'apvry mil cinq cens quatre-vinct et douze, et fust blaicé par lesdicts soldat » ; — « sepeulture de Mre Guillaume Bricart, le XIII de jun, et fust tué par les soldat de Monsieur de Bissy, entre les deulx porte de la ville de Givry, d'ung coup d'escoupette ».

Mais souvent, à cette époque, on aimait mieux ouvrir la porte à l'ennemi que la refermer sur l'ami. Ainsi, on n'hésita pas à payer 200 francs, en 1584, « pour acquiter d'aultant les habitans envers le sieur de Vaulgrenant », et 400 écus, en 1591, pour désintéresser « le sieur cappitaine La Barre, qui aultrement se voulloit, soubz le commandement de Monsieur de Nemoux, ce mettre en garnison en la ville ».

---

1. Courtépée, p. 31.
2. Archives de la Côte-d'Or, B. 11838.
3. Id., B. 5251.
4. Id., B. 3573.
5. J. de Fréminville, *Les Ecorcheurs en Bourgogne*, 1888, in-8°, pp. 76-77.
6. Monnier, *Annuaire de Saône-et-Loire pour 1859*, in-12, p. 283.
7. M. Canat, *Notice sur l'église de Saint-Deçert*, dans *Mémoires de la Société d'histoire et d'archéologie de Chalon*, années 1844-46, in-8°, p. 320.

La réforme eut peu de prise à Givry[1], bien qu'à cette époque le clergé n'y eût pas donné l'exemple de toutes les vertus[2]. Cependant beaucoup d'habitants, et des notables, comme Guillaume Bricard, notaire[3], et Jean Cornillat, chirurgien, assistèrent à un prêche qui se tint, le dimanche 1er juillet 1584, lieudit *Buisson Picart*, paroisse de Châtenoy-le-Royal[4]. L'esprit public n'était pas non plus très favorable aux ligueurs car, en 1590, on avait « chanté, leu, récité, publié et coppié un libelle diffamatoire et calomnieux faict en vers en forme de coq à l'asne contre l'honneur de Monseigneur le duc de Mayenne, de Monsieur de Sainct-Vincent, capitaine de la ville de Chalon, des sieurs maire et eschevins d'icelle, des sieurs commissaires de la Saincte Union establie en ladicte ville, de ceux de la confrérie du Sainct-Esprit, et généralement contre l'honneur de plusieurs des habitans de ladicte ville estans de l'union des catholicques qu'ils appellent Seincte Ligue et Union ».

Au XVIIe siècle ce sont surtout des passages de troupes : le régiment de Camp, dont il faut solliciter le délogement en 1637, et qui ne part pas sans que les capitaines et les sergents-majors emportent des bouteilles ; la compagnie du baron de Sirot, qu'on fait boire à la porte du Mouton, le 18 juin 1638 ; « une garde de M. le Prince », logée en ville le 17 juillet de la même année ; des gens d'armes qui occupent Cortiambles et Poncey, du 21 au 24 mai 1639, et y commettent des désordres ; des soldats « du régiment de La Roche-Bariteaux », auxquels on fournit le pain et du vin, le 26 juin suivant ; « la compagnie du régiment du baron de Trailly », que l'on conduit de Givry à Saint-Ambreuil, le 26 juillet 1639 ; Gassion, « aux festes de Noël » 1642 ; la compagnie de M. de Tavannes, le 1er mai 1643 ; le régiment du marquis d'Uxelles, auquel on donne à boire à la porte du Mouton, le 7 mars 1653 ; des gens de guerre, peu après, le 24 avril ; les soldats de M. de La Motte, le 5 mai ; des cadets du régiment de la Reine, le 10 février 1684 ; le régiment « de Grandmont », le jour de la Pentecôte 1688 ; des cavaliers du « Royal-Valon », le 29 janvier 1689 ; une compagnie du Royal-Etranger en 1690.

Puis les alertes ! En 1632, on fournit de chandelles les corps de garde, on met une porte à la tour de l'Horloge, on mure et on

---

1. Courtépée dit : « Le temple des huguenots étoit au fauxbourg et leur cimetière dans l'emplacement occupé par les sœurs noires. On a découvert près de là beaucoup de marbre travaillé, qu'on croit avoir servi d'ornement à leur temple » (p. 27). Tout cela paraît peu vraisemblable.
2. Le 3 novembre 1587 on baptise Claudine et Aglantine, toutes deux filles de « discrette personne Messire Jehan Chaillet, prêtre, concurez et présidant l'église Saint-Pierre de Givry, et de sa servante ». — Même cérémonie pour Antoine, fils de noble Guillaume Julien, « à luy donné par sa servante, Simone Rousseau, du villaige de Bege en Nyvernois », le 29 novembre 1574. — Ces baptêmes ne manquaient pas de gaité, si l'on s'en rapporte à la rédaction malicieuse de l'acte suivant : « Robert, fils de noble Esme de Berignot et de demoiselle Huguette Robert, sa femme ; parrain, noble Robert Julien, sieur de Reclesne, accompagné de plusieurs ses parans et amis qui avant le baptesme et après beurent bien amplement » (20 août 1589).
3. C'est lui sans doute qui fut tué au siège de 1592.
4. Archives de Chalon, GG. 3.

démure les poternes ; en 1637, on envoie prendre à Couches des nouvelles des gens de guerre, on achète en diverses fois 209 livres de poudre, on répare la porte du Mouton, on remplace le tambour perdu lorsqu'on alla « border la rivière (pour) empaicher le passage de l'armée ennemie qui estoict à Verdun », et on le fait battre la nuit, pendant la garde ; en 1638, on garnit les portes de bandes de fer, on s'informe des gens d'armes qui étaient à Chalon et à Chagny, on mène des munitions, farine et pain, à Bletterans et à Chateau-Chalon, et on conduit le canon de Givry à Nozeroy ; en 1640, on met des serrures aux poternes; en 1653, on fait la guette à la tour de l'Horloge, on emprisonne, le 27 février, un garçon « lequel on tenoit pour espion », on porte de la chandelle sur les murailles et on monte la garde toutes les nuits pendant trois semaines (28 février-22 mars). En 1659, on achète encore une chaudière au poudrier, bien que dès 1652, le 11 mars, tous les habitants aient signé une lettre à la comtesse de Fleix, « contenant les misères où l'on est à présent et la suppliant de ne point les charger d'un capitaine, et que les bruits de guerre ne sont si à craindre pour le présent ».

Ce n'étaient pas les fortifications de Givry seulement, mais celles aussi de Chalon, que les habitants devaient entretenir (1637)[1], sans compter qu'on voulut les astreindre à en curer les fossés (1652), à y charger des boulets (1642), à y voiturer des pierres (1724).

Au XVIIIe siècle ce fut une autre charge, le recrutement de la milice, qui pesa sur les habitants. On payait sur les deniers communs les dépenses faites chaque année par les deux, trois ou quatre miliciens le jour du tirage au sort, et on leur fournissait chemises, blaudes, cravates, souliers, chapeaux, cocardes, rubans, voire pipes et tabac, puis, naturellement, piques, fusils et poudre. Tous ces avantages n'empêchaient pas les réfractaires et même les déserteurs d'être nombreux ; les uns et les autres étaient remplacés par la communauté[2].

C'est en 1741 qu'on donna l'autorisation aux officiers et chevaliers du noble jeu de l'Arquebuse de Givry, de « faire construire un pavillon dans les fosseys, proche la porte de Beaune de cette ville et de la Croix-Blanche, pour tirer en sible ». Le terrain qui appartenait à cette société, et qui contenait 194 toises, fut vendu nationalement le 27 brumaire an VIII.

---

1. Outre la lettre que les habitants adressèrent à M. de La Baume à ce sujet (Archives de Givry, CC. 45) il y a un arrêt du Parlement, du 23 janvier 1559, qui fixe à 180 livres la part contributive de la ville de Givry aux frais de réparations des fortifications de Chalon (L. Niepce, *Des diverses fortifications de Chalon*, dans *Mémoires de la Société d'histoire et d'archéologie*, années 1847-49, in-4°, p. 81).

2. En 1738, on donna 3 livres « à un melicien de Givry pour l'asister et empescher une désertion qu'il auroit peu faire ».

VI. — ÉGLISES. CHAPELLES. CONFRÉRIES.

Eglise de Givry.

De l'église primitive, qui se trouvait comme l'actuelle hors les murs[1], nous savons peu de chose. Elle était probablement romane. On y voyait plusieurs chapelles placées sous les vocables de Notre-Dame, de saint « Enymond », de saint Laurent, de sainte Anne, des saintes Barbe et Catherine, et des autels consacrés à saint Antoine, saint Claude, saint Humbert et saint Genest, saint Nicolas, la Conception de la Vierge et saint Dreux, saint Sébastien, les morts, Notre-Dame de Pitié.

La chapelle de Notre-Dame, fondée à la fin du XIIIe siècle par Jacques Doyen, avait été dotée dès cette époque d'un luminaire, auquel Guillemette de Cortiambles donna six deniers outre et plus six autres deniers pour une torche à l'élévation (1299), et Claude, veuve de Jean Garenet, laissa « une robe de pers », en même temps qu'au luminaire de saint Sébastien « une cothe de violet » (1524). Les revenus de cette chapelle étaient amodiés à raison d'onze livres tournois par an en 1490.

En 1507, Jean Garenet, de Mortières, fonda « en la chappelle qu'il a(vait) fait faire et construyre nouvellement en l'esglise de Givry, en l'onneur et révérance de Monsieur sainct Enymond », une messe basse avec collecte et oraison, plus un *De profundis*, tous les dimanches, pour lesquels il donnait aux curé et chapelains de ladite église quatre francs de rente annuelle, une pièce de vigne d'environ quatre ouvrées sise lieudit *En Bacheveaul*, et un journal de terre sur Poncey, lieudit *En Champerot* et *Au buisson de la Monte*.

On vola, en 1496, sur l'autel de saint Nicolas, une statue de Notre-Dame en pierre, celle peut-être qui se trouvait déjà dans l'église en 1379.

En 1520 les curés s'étaient engagés à « faire mectre (en) escripture en leur esglise en une pierre les fondacions de messes (de Jeanne Riboudeaul, veuve de Claude Malloud), ensemble la fondacion desjà faicte par ledict feu Claude Malloud et une aultre messe desjà fondée le jour de Notre-Dame de Petié par Jehan Riboudeaul ».

En 1717 la communauté vota 90 livres « pour ayder à payer un retable qui avait esté fait en l'église en l'otelle de Notre-Dame de Pitiée ».

---

1. Vote par la communauté, en 1743, de 15 livres à un ouvrier « pour avoir fait la plauche des fossés de Givry, qui est depuis l'églize pour entrer en l'enclos, posé quatre bouteroues et donné la facilité lorsque l'on fait la procession le jour de Feste-Dieu et quand l'on porte le Saint-Sacrement aux malades ».

Guillemette de Cortiambles avait légué aux curés, en 1299, deux sous tournois pour l'achat d'ornements; Guillaume Gaillard, président du mépart, laissa à ses successeurs, en 1517, son « calice d'argent doré d'or » ; enfin, en 1727, Pierrette Guyot, veuve de Robert Liébault, donna cent livres pour « un ornement ». En 1790, on inventoria « un reliquaire (en argent), une très belle lampe (en argent) donnée par cadeau[1], deux bras (en cuivre argenté) à côté de l'autel ».

Le 6 frimaire an II, la municipalité, conformément à l'arrêté du directoire du département sur l'argenterie des églises, envoya au *directoire du district de Chalon*, les « hochets sacerdotaux » dont l'énumération suit : « une lampe avec ses chaines, chapitaux et supports, deux petits chandeliers armoriés, deux burettes avec leur plat, un encensoir avec ses chaînes et navette sans ceuillère; un autre encenseoir avec chaînons, navette et ceuillère, deux burettes et leur plat, ces derniers objets venants de Corthiamble », pesant le tout 65 marcs ; puis, le 17 du même mois : « quatre calices et quatre patènes, un calice, deux ciboires, une patène, trois soleils, deux reliquaires, deux ciboires et une cuillère », pesant 29 marcs, 6 onces, 3 gros, et « du galon », pesant brut 14 marcs[2].

« Le quinziesme jour du mois de septembre (1613) ont estez bénistes et baptizé trois cloches au semetière de l'église, dont la première a esté nommée *Magdelaine*, la seconde *Anne*, et la troisiesme *Jeanne*, ès présences de M^{res} Symon François et René Fransoys, son frère, fondeurs desdites cloches, de la ville de Tézy en Beauljoulois ».

Le 2 juin 1697, baptême des deux plus petites cloches de l'église, faites par Joseph Voissont et Jean Milliard, fondeurs.

En 1735, la grosse cloche était « rompue ». On acheta du « mestail pour la somme de 500 livres », et le 18 juin 1738, les deux grosses cloches furent refondues; elles reçurent, à leur bénédiction, le 6 août suivant, les noms de *Madeleine* et de *Nicole*. Une troisième cloche fut baptisée le 16 août 1751.

Dès 1758 les murs de la nef de l'église « s'écartoient considérablement et menassoient d'une chutte prochaine ». Mais ce n'est que dix ans après que l'on se décida à vendre la moitié de la coupe des bois en réserve pour subvenir aux frais de reconstruction de l'édifice. Les travaux étaient commencés avant 1773[3]; ils n'étaient pas terminés en 1784[4]. Le 16 avril 1791, Gouttes, évêque constitutionnel du département de Saône-et-Loire, fit

---

1. Par Mme Philiberte Denon, veuve de Vivant Jolivot-Dupon. Cette lampe pesait 55 marcs. (Courtépée, p. 26.)
2. Archives de Saône-et-Loire, série Q.
3. En 1770, dit Courtépée (p. 27). — Baptême d'Anne, fille de Claude Tissot, maître menuisier à Givry, et de Reine Lavoilliotte, sa femme ; parrain, Jean-François Richardet, « appareilleur de l'église » ; marraine, Anne Léglise, fille de Jean-Baptiste Léglise, entrepreneur audit Givry (22 août 1773).
4. Sépulture de Jean Fontet, maçon, âgé d'environ 28 ans, « mort d'une chute qu'il a fait du clocher de Givry » ; présents, Michel Baudenon, « entrepreneur de l'église », et Hugues Paquelin, marguillier (15 octobre 1784).

« la bénédiction solemnelle du chœur et de la sacristie, célébra la messe, monta en chaire et » prononça « un discours analogue à la cérémonie, en présence du peuple ».

Cette église est absolument unique dans son genre. « C'est, écrivait Courtépée (1780), avant son achèvement, une rotonde irrégulière sur un plan en croix grecque. Son intérieur est formé de huit colonnes soutenant une coupole, au-dessus de laquelle sera une lanterne pour l'éclairer, à la hauteur de 84 pieds sous voûte, avec plate-bande d'une nouvelle forme. Tribunes sous les colonnes dans tout le pourtour, d'un ordre ionique dans la nef et corinthien dans le chœur. Il y en aura dix surmontées d'un chapiteau. La partie inférieure n'offre aucun contrefort, ce qui a surpris les gens de l'art. Le porche, très simple, ne représente qu'un piédestal pour recevoir un obélisque de 157 pieds qui formera le clocher, percé de quatre grands vitraux à colonne, surmontés par quatre frontons circulaires. C'est un bâtiment d'un goût neuf, et digne de la curiosité des étrangers, fait sur les dessins d'Emilland Gauthey, sous-ingénieur de la province, et qui coûtera plus de 100,000 livres à la paroisse. Cet architecte, dans un mémoire publié en 1774, fait voir que les colonnes de cette église ne portent que la moitié du poids pour les pierres tendres de Givri, par comparaison de celles de l'église de (la) Toussaint d'Angers, monument le plus hardi que nous ayons en ce genre. Celles-ci portent 60 milliers et n'ont que 11 pouces de diamètre et 24 pieds de hauteur ; ainsi leur plan contient 95 pouces quarrés. Chaque pouce porte 631 livres, et le pied quarré porteroit 90,947 livres : ce qui n'est cependant que le 3/8 de ce que porteroit la pierre tendre de Givri, et moins d'un 7ᵉ la pierre dure. On voit, par ce seul exemple, si la hardiesse des édifices gothiques doit beaucoup nous étonner. Dans l'église de Givri, jolie chapelle d'un bon goût, dont la statue de la Vierge et les décorations sont dues au ciseau de François Pourcher, âgé de 21 ans, élève de l'académie de dessin de Dijon, où il a remporté deux premiers prix[1] ».

En même temps qu'à la reconstruction de l'église, on procéda à la refonte des quatre cloches. Elles furent placées « les deux plus grosses, sous le vocable des apôtres saint Pierre et saint Paul, patrons de la paroisse, la troisième sous celuy de saint André, apôtre, et la quatrième sous celui de saint Jean, apôtre et évangéliste » (18 novembre 1784). Elles pesaient, au total, 7 à 8,000 livres.

Avant 1485 l'église de Givry était desservie par un recteur ou curé assisté de plusieurs vicaires et chapelains. Parmi les titulaires de cette fonction, citons Mʳᵉ Robert (1247), Mʳᵉ Humbert (1267), Mʳᵉ Girard (1275), Mʳᵉ Henri dou Vule, archiprêtre de Demigny (1284), Mʳᵉ Pierre de Saint-Desert, archiprêtre de la Montagne (1313), Mʳᵉ Henri du Blé (1331), Mʳᵉ Hugues de

---

1. Cet artiste ne paraît pas être parvenu à la célébrité.

Turcey (1331), Mre Girard de Visigneux (1333)[1], Mre Robert de La Tour, cardinal diacre de Saint-Eustache (1342), Mre Jean Rosset (1363), Mre Jean Bulland, chanoine de Chalon et de Beaune (1397), Mre Guillaume de Nesle (1408), Mre Benoît Patanges (1435), Me Michel Bouchard, archidiacre de Tournus et chanoine de Chalon (1442), Mre Etienne Bastier (1485), etc.

A cette date, André de Poupet, évêque de Chalon, à la requête de Philippe Pot, seigneur de Givry en partie, de Guillaume Brune, damoiseau, prieur de la confrérie du Saint-Esprit, de Girard Godard et Guillaume Gaillard, *alias* Jean Girard, prêtres dudit Givry, considérant *tam capellanorum absentiam, quam eorum incuriam et negligentiam*, et attendu *quod locus de Givreyo est locus insignis et per populos plurium nationum frequentatus, et in eo sunt plures notabiles viri et mulieres, et quod ex eo loco sedi episcopali Cabilonensi plures annuatim proveniunt redditus, decime vinorum, bladorum et census*, institua et réglementa une *société* ou *mépart* des prêtres concurés de l'église de Givry et de celle de Cortiambles, son secours, à charge par eux de faire, tous les mercredis, son anniversaire, celui de Philippe Pot et celui de Guillaume Brune à perpétuité. Les présidents de ce mépart furent, entre autres, Mre Etienne Bastier (1485), Mre Hugues Roux, curé de Russilly (1486), Mre Guillaume Gaillard (1506), Mre Jean Chaillet (1520), Mre Jean Perrault (1526), Mre Renaud Perrault (1540), Mre Guillaume Mouton (1570), Mre Claude Baudot (1579), Mre Jean Chaillet (1582), Mre Jean Champion (1632), Mre Etienne Mouton (1672), Mre Jean Bureau (1674), Mre Jean Naulet (1694), Mre Jean Quillot (1715), Mre Benoît Montillot l'ancien (1732), Mre Benoît Montillot le jeune (1772), Mre André Laurent (1789), etc.

L'autorité des présidents de l'association, qui étaient en quelque sorte les doyens d'une manière de chapitre collégial, auquel il ne manquait que ce nom, était souvent méconnue. Trois extraits des registres paroissiaux donneront une idée de ce qui se passait à cet égard vers 1638[2] : « Il manque plusieurs feuilletz en cet endroit qui sont esté deschirés par Mre Thomas Naulet, presbtre » (fol. 77 v°). — « Je soubsigné, premier presbtre et concuré en l'église de Givry, dénie la qualité de président à Mre Thomas Naulet, aussy presbtre, protestant que tout ce que le sieur Naulet pourroit escrire dans le présent livre ou allieurs ne me puisse nuire ny préjudicier. Mouton presbtre » (fol. 88). — « Il y a d'autres registres de ce mesme temps, dans lesquels sont inscripts les baptizés audict Givry par moy premier presbtre et concuré audict lieu soubsigné et Mre Joseph Poinssot, vicaire audict Givry soubsigné. Mouton, presbtre. Poinssot, presbtre » (fol. 15).

---

1. A l'article de la table de l'*Inventaire des archives de Givry* ainsi conçu : « GIRARD (M^re), autre curé ou recteur de l'église de Givry, GG, 85, 86 », ajouter ces mots : « V. Vésigneu ».
2. Archives de Givry, GG. 9 et 10.

Mais c'est au XVIIIe siècle surtout que les difficultés surgirent. Qu'on en juge par cet intéressant mémoire : « ... La parroisse de Givry et de Cortiamble, son annexe, a toujours été considérable et nombreuse. On y compte aujourd'huy 1,800 communians, dont 1,400 à Givry et 400 à Cortiamble. Avant l'érection du mépart en 1485, elle était desservie par un curé à la nomination du seigneur évêque de Chalon, et deux vicaires, tous trois résidans à Givry. Il y avait encore six ou sept prêtres qui desservaient des chapelles et chapellenies, et acquittaient des fondations anciennement faittes dans l'église. Ces prêtres, ou ne faisaient point leur service, parce qu'ils ne résidaient pas habituellement, étant encore attachés à d'autres églizes, ou le faisaient mal, parce qu'ils n'en tiraient presqu'aucun profit. Ce qui prouve que leurs revenus n'étaient pas considérables. Les gens de bien gémissaient de ce désordre et cherchaient le moyen de l'empeicher. Alors, deux prêtres ou vicaires, Godard et Gaillard, le seigneur de Givry et Guillaume Brune, damoiseau, présentèrent requête à M. André de Poupet, évêque de Chalon, tendante à faire réprimer les abus, et par son décret du 28 febvrier 1485, confirmé par une bulle d'Innocent IVe, du 13 octobre 1486, André de Poupet réunit[1], sous la dénomination de *mépart*, toutes les chapelles, chapellenies, anniversaires et fondations qui étaient fondées dans l'église de Givry, et, par le même décret, il unit à ce mépart qu'il venait d'ériger, la cure de Givry avec Cortiamble, son annexe. Au moment de la formation du mépart, il se trouva huit ou neuf mépartistes, y compris Godard et Gaillard, vicaires, qui y furent aggrégés, quoiqu'ils ne fussent pas originaires de Givry[2]. Mais ce nombre diminua bientôt, soit que les revenus ne fussent pas suffisans pour leur entretien, soit qu'ils ayent emportés dans d'autres églizes leur titre et leurs revenus. Enfin, il est réduit à trois depuis un tems immémorial. Par le décret les mépartistes devant être un assés grand nombre, ils devaient choisir dans l'espace de neuf jours un ou deux d'entre eux pour être présentés au seigneur évêque, et, sur ses approbations, faire les fonctions pastoralles sous le

---

1. Il se dépouillait ainsi de son droit de patronage, puisque désormais « le corps des mépartistes se choisissoit un chef sous le nom de président, dont les fonctions, selon la bulle, se bornoient à veiller à la police et aux interrêts de l'église, *ad temporalia tantum*... Depuis ce tems, et jusqu'à environ 1600, la cure de Givry a été régie par des prêtres du mépart présentés par les mépartistes à l'ordinaire qui les approuvoit simplement, et ne leur donnoit aucune institution ».

2. Cela devenait dès lors indispensable, et par la suite on y tint beaucoup. Exemple : « Le septiesme jour de may en l'an XV C XLIII fust apporté ung filz de Jehan Marchant, de Dijon, pour icelluy faire baptizé sur les fonds de Givry. Et avant que procéder au baptesme d'icelluy, fust interpellé ledict Jehan Marchant, son père, par la voix et organe de discrette personne Messire Regnault Perrault, président dudict Givry, assavoir si ledict Marchant entendoit et prétendoit pour sondict filz droit au mespart dudict Givry à cause dudict baptesme, lequel a respondu qui n'y prétendoit rien, en ce déclairent n'en estre parrochien ny habitant audict Givry, dont ledict Perraut tant en son nom que ou nom des aultres baptizé en a [re]quis acte à moy Philibert Malloud, notaire, lequel je luy ay ouctroyé et concédé ...»

nom de vicaires ou de délégués du mépart. Mais, environ 1680, ne s'étant trouvé aucuns prêtres natifs de Givry pour occuper le mépart, M. Henry-Félix, évêque de Chalon, ancien patron de la cure, nomma deux prêtres étrangers, les sieurs Denis et Perreault; pour tenir la cure et le mépart, et resserva dans le *visa* qu'il leurs donna en commun une troisième place pour le premier prêtre natif de Givry qui entrerait en société avec eux comme concuré et mépartiste. En même tems, les habitans de Givry se prétendans en droit de nommer aux places vacantes du mépart, y nommèrent deux autres prêtres, mais les deux nommés par le seigneur évêque y furent maintenus par arrêt. En 1717, le sieur Benoist Montillot, prêtre natif de Givry, se présenta pour occuper cette troisième place de concuré mépartiste réservée par le *visa* donné en commun par M. Henry-Félix ausdits sieurs Denis et Perreault, et en prit possession sur la nomination des habitans, sans aucune institution de la part de M. l'évêque. Les choses subsistèrent en cet état jusqu'en 1735 que le sieur Benoist David, prêtre natif de Givry, se fit nommer par les habitans pour quatrième concuré mépartiste. Mais les trois concurés mépartistes qui étaient en place s'y opposèrent pour raison d'insuffisance des revenus, et il fut dit par arrêt qu'avant d'y faire droit, serait fait état des revenus de la cure et du mépart pour reconnaitre s'il y avait lieu à l'admission d'un quatrième mépartiste. Cet arrêt préparatoire n'a point été rempli, et le sieur David n'a point poursuivi l'instance. En 1767, le sieur Rey, autre prêtre natif de Givry, s'est fait nommer par les habitans en qualité de concuré mépartiste. Les trois prêtres en place s'y sont de nouveau opposés. Cependant le bailliage de Chalon l'a envoyé en possession, mais il y a eu un appel au parlement, où l'on a demandé que, avant que de prononcer définitivement, l'arrêt préparatoire de 1735 fût rempli. Le sieur Rey étant mort au commencement de 1768, les sieurs Monin et Goubard, prêtres natifs de Givry, se sont fait nommer successivement pour une quatrième et cinquième place du mépart. Les trois concurés mépartistes existans s'y sont opposés. Le sieur Monin est entré en instance, a été envoyé en possession par le bailliage de Chalon, au mépris de l'arrêt préparatoire du parlement. Mais il y a eu appel au parlement et l'instance y est encore pendante. Toutes ces contestations ont fait ouvrir les lieux. On s'est apperçu que la cure de Givry était dévolutable en cour de Rome : 1° parce que aucun des trois prêtres qui se qualifiaient concurés et mépartistes n'avait point de titre canonique, comme *visa*, et que ces prêtres n'étaient approuvés que tacitement, parce qu'ils n'avaient point même d'approbation par écrit ; 2° parce que le *visa* de la présidence du mépart qu'avait pris le sieur Montillot en 1732, ne remplissait point la cure, puisque ladite présidence, aux termes de la bulle et du décret, n'était que *ad temporalia tantum*. Dans ces circonstances, feu M. l'évêque de Chalon, considérant que ladite cure de Givry était sujette au dévolut, ou à la prévention, et ne voulant pas y laisser plus longtems trois prêtres respectables exposés, se proposa de donner au plus ancien sa nomination et un *visa*, mais pour plus de sûreté, il voulut que le sieur Benoist Montillot, cet ancien et déjà président de mépart, se fît pourvoir de ladite cure en cour de Rome, *quoque modo vacet*, et sur les provisions de Rome et le *visa* de M. l'évêque, a pris possession de ladite cure le 12 febvrier 1768, à laquelle se sont opposés les sieurs Pourcher et David, mépartistes, se prétendans concurés. La communauté de Givry n'a point formé d'opposition, mais, dans une sommation qu'elle a fait signifier au sieur Montillot, en novembre 1768, elle a déclaré qu'elle adhérait à l'opposition formée par les sieurs Pourcher et David. Quoy que le sieur Montillot ait agi en tout ceci de concert avec lesdits sieurs Pourcher et David, pour assurer leur état, il les a fait assigner au bailliage sur leur opposition, et a appelé comme d'abus du décret et de la bulle qui érigent un mépart à Givry, et unissent la cure du même lieu au mépart. Sur cette appellation est intervenu arrêt du parlement de Dijon, du 28 janvier 1771, (qui) dit qu'il y a abus dans le décret d'union faitte de la cure de Givry au mépart dudit lieu par l'évêque de Ch..lon le 18 febvrier 1485, ensemble dans la bulle de 1486, confirmative d'icelui... Dans ces entrefaittes, le sieur Montillot l'ancien a résigné la cure dudit Givry au sieur Benoist Montillot, curé de Saint-Loup, qui en a pris possession le 10 juin 1772, à laquelle se sont opposés à nouveau les sieurs Pourcher et David se prétendans concurés mépartistes, et la communauté de Givry, et Cortiambles, son annexe. Le sieur Pourcher étant décédé le 6 septembre 1772, ledit sieur Montillot est venu desservir ladite cure le 12 septembre suivant. Il y a trouvé le sieur David, prêtre mépartiste, soy-disant concuré, desservant l'annexe de *Cortiambles*, et le sieur Philibert Goubard, qui a été nommé et installé concuré mépartiste par la communauté de Givry dans son assemblée du 8 septembre 1772, lequel, sans institution, ni *visa*, a pris possession le 10 suivant, et le même jour a fait signifier au sieur David qu'il ferait à l'avenir ses fonctions, non comme vicaire, mais comme concuré mépartiste, et en conséquence s'empara des revenus qui étaient affectés à la place de concuré, possédée cy-devant par ledit sieur Pourcher, notamment de partie de la maison curiale et de la portion congrue. Le sieur Montillot l'ancien prétend aussi demeurer en qualité de président du mépart, et de mépartiste, et soutient qu'en résignant la cure de Givry dont il était pourvu, il n'a pu ni dû résigner la place de mépartiste, qui doit être de patronage laïc. Dans ces circonstances, le sieur Montillot le jeune, actuellement pourvu de la cure de Givry, qui n'a en vue que de faire le bien de la parroisse, sa patrie, a présenté un projet de conciliation à la communauté, capable, à son avis, de terminer cette affaire à la satisfaction de toutes les parties intéressées... »

Aux six grandes fêtes de l'année, la Purification, Pâques, la Pentecôte, la Fête-Dieu, l'Assomption, Noël, et pendant le carême, la communauté faisait venir, pour aider les mépartistes à confesser et pour prêcher, des religieux, qui furent d'abord des capucins de Chalon, puis des jésuites[1] de Dijon, et enfin des carmes de Chalon. C'était une dépense d'environ 100 livres par an, sans compter les menus frais, comme, en 1640, 12 s. « pour une pairre de semelles mises ès souliers du perre prédicateur qui a presché à Givry le caresme », en 1733, 7 l., 4 s. « pour des mouchoirs, pour faire présent au prédicateur du caresme », etc.

Les seigneurs de Givry avaient, au commencement du XIIIe siècle, accordé aux curés du lieu, le plein usage de leur forêt. Durant tout le moyen âge, d'ailleurs, les dons affluèrent si bien qu'en 1303 les revenus de la cure constituaient déjà la matière d'un important censier[2] et qu'en 1342 un cardinal ne dédaignait pas d'en accepter le bénéfice.

La dîme d'avoine appartint au curé de 1584 à 1648[3]. Mais celle des autres grains et celle du vin était, nous l'avons dit, à l'évêque de Chalon, qui, par suite, en devait audit curé une « portion congrue ». C'était : en 1303, douze bichets de froment et deux muids de vin : à partir de 1584, seize bichets au lieu de douze et trois queues au lieu d'une[4] ; à dater de 1648, vingt bichets et six poinçons[5]. Au XVIIIe siècle, l'évêque faisait, si l'on s'en rapporte au mémoire que nous avons déjà cité, «... une refusion en bled et en vin de 600 à 700 ll. Cette refusion tient lieu de portion congrue, mais elle est insuffisante, parce que la parroisse étant composée d'environ 1,900 communians, sçavoir 1,500 à Givry et 400 à Cortiambles, son annexe, il faut tout au moins un curé et deux vicaires, et 900 ll. de portion congrue... »

Les revenus de la cure, qui n'étaient que de 8 livres viennois en 1358, s'élevaient à 900 livres tournois en 1666[6], et à 1,750 livres en 1773[7].

Parmi eux, les principaux étaient un droit *de parrochiaige* annuel d'un boisseau de seigle et d'un blanc et demi, transformé en une rente de cinq sous tournois en 1526, et le droit *de la gerbe de l'évangile*, « assavoir par chascun chief d'ostel tenant feug (et) lieu en son chief, et faisant ou faisant faire labouraige, la gerbe dicte et appellée communément *la gerbe de l'évangille*, et huit blancs et demy en argent, le blanc prins et compté pour cinq denyers tournois, et par ceulx qui ne tiendront harnoix, et qui ne feront ou feront faire aucun labouraige, dix blancs en argent, et les curés et leurs successeurs sont et seront tenuz dire ou faire dire en chascune des (deux) églises, le matin avant jour

---

1. En 1729, remplacement des capucins, prédicateurs habituels du carême, par deux jésuites de Dijon, « qui veulent bien prescher sans rétribution, et comme on impose annuellement la somme de cent livres pour parvenir au payement de ladite rétribution, cette somme sera employée à l'achapt d'ornemens les plus nécessaires pour l'église ».
2. Archives de Givry, GG. 74.
3. Archives de Saône-et-Loire, G. 41, n° 13. En 1648, nous la voyons donner en amodiation par l'évêque moyennant trois bichets (Id., G. 41, n° 11.)
4. Bibl. Nat. Cartul. de l'évêché, pp. 242-244.
5. Archives de Saône-et-Loire, G. 41, n°s 13, 35 et 37. — Le poinçon équivaut à une demi-queue.
6. Archives de la Côte-d'Or, B. 11538 et C. 2887.
7. Archives de Saône-et-Loire, G. Pouillé du diocèse de Chalon, 1773.

ou à l'aube d'icelluy, la passion aultrement appellée *l'évangille*, doiz l'une des festes saincte Croix en may jusques à l'aultre en septembre, estre soigneux et ententifz de faire le divin service èsdictes églises, solliciter et induire les parrochiens à dévotion, ouyr iceulx en confession et leur administrer les sainctz sacrementz toutes et quantes fois que besoing et nécessité en auront, et faire toutes aultres choses que bons et vrays curez et pasteurs doyvent et sont tenuz faire envers leurs parochiens » (1528).

En 1656, les habitants avaient été condamnés par le bailli de Chalon à payer tant au curé qu'à chacun des mépartistes 25 livres par an à titre d'indemnité en attendant la reconstruction du presbytère[1]. Celui-ci se composait de six chambres à feu au siècle dernier.

Sans compter ce qu'il « possédait de la directe d'Ecle », le curé de Givry jouissait d'environ 12 journaux de terre, 80 ouvrées de vigne et 10 soitures de pré, celles-ci indivises entre le desservant de Cortiambles et lui.

Les charges s'élevaient annuellement, en 1773, à 202 l., 14 s. de décimes, et à 3 l., 12 s. pour le séminaire du diocèse.

Les immeubles de la cure furent vendus nationalement pour la somme totale de 95,972 livres (25 avril 1791, 5 brumaire an V. 28 nivôse et 6 pluviôse an VI) ; ceux de la fabrique produisirent 6,100 livres seulement (18 et 19 pluviôse an II).

L'église de Givry est sous le vocable des saints Pierre et Paul. La circonscription paroissiale s'étendait, avant la Révolution, sur « Château-Renard, Grange-Saugeot, La Maison-Dieu, Le Cellier-aux-Moines, Le Cras, Le Moulin-Madame et Mortières[2] ».

Eglise de Cortiambles.

L'église de Cortiambles, qui est aujourd'hui abandonnée, — on l'a récemment reconstruite, dans le style roman, au hameau de Poncey, — date d'une époque de transition. Elle a la forme d'une croix latine. Le clocher, carré, s'élève sur la travée qui précède le chœur et qui est voûtée en berceau : il est surmonté d'une flèche pyramidale en pierre, et percé de baies géminées, en plein cintre, à doubles colonnettes. Le chœur et la nef sont plafonnés ; les bras du transept sont voûtés d'arêtes et éclairés par d'élégantes fenêtres gothiques. On voit, à l'intérieur, la pierre tumulaire de Jacques-François Pourcher, concuré du mépart, mort le 6 septembre 1772. D'importantes réparations eurent lieu en 1782 et l'ancien porche disparut en 1786[3].

On y remarquait plusieurs chapelles consacrées, une à la Vierge, déjà dotée d'un luminaire en 1296, une autre à saint

---

1. Archives de la Côte-d'Or, C. 4809.
2. *Etat des villes, bourgs et paroisses du duché de Bourgogne*, 1783. in-4".
3. Archives de Saône-et-Loire, C. 132, n° 2.

Jacques et à sainte Catherine, fondée par Henri Salomon, de Chalon, en 1393, et un autel des morts.

La paroisse aliéna, en 1741, *la ruelle au Loup*, et le produit de la vente, soit 200 livres, fut employé à décorer la chapelle de la Vierge.

Des fonts nouveaux furent bénits en 1787.

Les hôpitaux du diocèse, héritiers de François de Madot, évêque de Chalon, en 1759, donnèrent à l'église de Cortiambles « une aube et deux surplis neufs, une chasuble neuve violette de camelot gaufré, une bourse et un manipule pour la chasuble rouge de tafetas, un manipule et une étole pour la chasuble noire de damas à petit galons d'argent, et enfin une bourse de damas blanc qui manquoit à une vielle chasuble de même étoffe ».

D'autres dons d'ornements furent faits, dans la seconde moitié du XVIIIe siècle, par M. de Colmont, maître des comptes à la chambre de Dijon (un ostensoir en 1776, « une belle boëte d'argent pour y déposer l'hostie consacrée » en 1777), et par M. Liébault, substitut du procureur général au parlement de Bourgogne, etc[1].

Le 23 juillet 1489 « feust faicte une cloche neufve à Cortiambles, du pesant d'environ unze cens[2] ».

Isabeau, veuve de Huguenin de Gergy, constitua en faveur des curés de Cortiambles, en 1289, une rente de 15 sous viennois par elle assise sur sa vigne *de Crosat*, qui mouvait de ladite église en censive.

La tonte des saules et le droit d'en planter « dans les places vuides du territoire de la paroisse » étaient amodiés au profit de l'église, en 1766, à raison de 106 livres pour 28 ans[3].

Les biens de la fabrique, trois pièces de vigne et une pièce de terre, furent vendus nationalement le 18 pluviôse an II, moyennant 2,025 livres.

L'église était placée sous le vocable de saint Martin. « La Grosse Maison, Poncey et Sauge » formaient l'ancienne circonscription de la paroisse[4].

Église de Russilly.

L'église primitive de Russilly qu'on appelait *l'église des moines*, probablement parcequ'elle avait été construite par les religieux du prieuré de Saint-Laurent lès Chalon[5], se trouvait à

---

1. Archives de Saône-et-Loire, G. 366, n° 4.
2. *Inventaire des archives de Saône-et-Loire*, E. 1017.
3. Archives de Saône-et-Loire, G. 366, n° 4.
4. *État des villes, bourgs et paroisses du duché de Bourgogne*.
5. Son chœur mesurait 10 pieds de large, 15 de haut, et était voûté en berceau (Archives de Saône-et-Loire, C. 132, n° 61.)

300 mètres du village[1], sur la montagne, à l'endroit même où s'élève une croix de pierre, érigée en 1721, dont le piédestal porte l'inscription suivante :

ICI ÉTOIT L'ÉGLISE
DE RUSSILLY
DÉMOLIE
EN 1767
REBATIE DANS
LE BAS

L'église nouvelle[2], construite en 1768[3], est sans caractère. Elle se compose d'une nef plafonnée, d'un transept voûté d'arêtes et surmonté d'un petit clocher carré, d'un chœur plat, voûté en berceau. Les fenêtres sont en plein cintre. Tout cela de très petites dimensions.

On remarque à l'intérieur deux médaillons en bois sculpté, du XVIII° siècle, représentant le Christ et la Vierge, et des pierres tumulaires de 1574, 1604, 1605, 1663, 1680, 1686 et 1737. Sur celle de 1604 on voit un goy, emblème de la profession de vigneron.

En 1291, Gautier Guierri, *alias* dit *Gueriz*, curé de Russilly, légua à son église dix sous pour acheter *unum coopertorium ad ponendum ante altare*.

Les autres titulaires, dont nous ayons retrouvé les noms, sont : Mre Pierre (1294), Mre Hugues Roux (1461), Mre Denis Boisselet (1564)[4], Mre Jean Dubelle (1565)[5], Mre Aubin Chavelot (1570)[6], Mre Philibert Maugras (1652), Mre Poujaux (1736)[7], 1re Jean Lacroix (1745)[8], Mre Charles Ruzot (1773)[9].

L'évêque était patron de la cure à la fin du XVIII° siècle, mais antérieurement ç'avait été le prieur de Saint-Laurent lès Chalon, à qui appartenait en outre : « les deux tiers[10] des dixmes des grains et vins qui se recueillent en la parroisse, qui peuvent valoir par communes années cinq ou six queues de vin et quatre ou cinq bichets de froment ; la moytié des offrandes et oblations qui se font aux mortuaires en l'église, le curé ayant l'autre moytié ; les offrandes que font les femmes en ladite église lorsqu'elles se relèvent de leurs accouchements[11]... »

---

1. A raison de cet isolement on l'avait plusieurs fois volée. (Id., *ibid*.)
2. Le clocher de l'ancienne était tombé et avait effondré une partie de la nef. (Archives de Saône-et-Loire, C. 132, n° 22.)
3. Elle ne coûta que 2,780 livres, dont 2,660 furent imposées sur les habitants et 120 fournies par le gros décimateur. (Archives de Saône-et-Loire, C. 132, n° 51.)
4. Archives de Saône-et-Loire, E. 704, n° 2.
5. Id., *ibid*.
6. Id., E. 1321, n° 29.
7. Id., C. 132, n° 22.
8. Id., *ibid*.
9. Id., *ibid.*, n° 77, et série G (*Pouillé du diocèse de Chalon*.)
10. L'autre tiers au curé, du moins après 1358. Voir plus loin.
11. Archives de Saône-et-Loire, H. 254, n° 69.

La totalité de ces droits était amodiée, par le prieur, 410 livres en 1686[1], 420 livres en 1753[2], 640 livres en 1774[3]. Mais il lui en revenait peu de chose. Ainsi, le curé de la paroisse qui les avait à ferme en 1753, « retenait 300 livres pour sa portion congrue, (et) faisait une refusion de 120 livres au prieur pour 36 ouvrées de vignes et autres fonds compris dans l'amodiation[4] ». Sur ces 120 livres, il fallait payer les décimes, acheter les ornements et les vases sacrés de l'église, entretenir et réparer le chœur, etc. Aussi, en 1787, le prieur s'empressa-t-il d'abandonner au curé sa dîme et ses biens de Russilly[5], pour lui tenir lieu de la portion congrue qui venait d'être fixée à 700 livres.

Les revenus de la cure, presque nuls en 1358[6], montaient à 200 livres en 1666[7]; ils étaient évalués à 500 livres en 1773, et ses charges, à 20 livres de décimes, plus 4 gros dus au prieur de Saint-Laurent pour droit de patronage.

Le presbytère, auquel on venait de faire d'importantes réparations (pour 2,140 livres en 1773 et pour 809 livres en 1786)[8], fut vendu nationalement, le 5 brumaire an V, pour le prix de 1,432 livres. Deux pièces de vigne et deux pièces de terre, appartenant à la fabrique, produisirent, en outre, 1,162 livres (18 pluviôse an II et 5 brumaire an V).

L'église est placée sous le vocable de saint Martin. La circonscription paroissiale comptait 120 communiants, à la veille de la Révolution, et s'étendait sur « Charnaille en partie[9] et La Maison du Moulin-à-Vent[10] ».

Chapelles et croix.

La plus importante des chapelles de Givry était celle que Jean Foucault, seigneur de Givry en partie, avait fait élever en 1498, près de la halle, vers la fontaine monumentale actuelle, et qu'il

---

1. Archives de Saône-et-Loire, H. 254, n° 15.
2. Id., *ibid.*, n° 66.
3. Id., *ibid.*, n° 77.
4. Id., C. 132, n° 61.
5. Sauf 32 ouvrées de vignes, « qui ont toujours appartenu aux prieurs, suivant l'énonciation des terriers ». (Archives de Saône-et-Loire, G. 394, n° 82 et H. 254, n° 78.)
6. « Le curé est moult povres, et n'est point au disme » (Archives de la Côte-d'Or, B. 11538.) Quelques maisons mouvaient du curé en censive à la fin du XIVe siècle (Archives de Givry, GG 128.)
7. Archives de la Côte-d'Or, C. 2887.
8. Archives de Saône-et-Loire, C. 132, n°ˢ 77 et 78.
9. Le château et quelques maisons; le reste était de la paroisse de Jambles. Les seigneurs et dames de Charnailles dont nous avons trouvé trace sont : Marie de Ciry (1584); Jean-Baptiste Marloud (1628); Guillaume Marloud (1681); Louis-Guillaume Marloud (1710); Jacques de Mucie, acquéreur du précédent (1714); Claude-Antoine Cortois-Humbert, acquéreur du précédent (1731); Antoine Cortois de Quincey (1787).
10. *État des villes, bourgs et paroisses du duché de Bourgogne.*

avait laissée à la communauté. Elle fut dotée d'une cloche en 1766[1].

C'était un grand honneur d'y être inhumé.

Elle était placée sous le vocable de saint Jean l'évangéliste et a eu successivement pour patrons les descendants de Jean Foucault, c'est-à-dire les Baillet, les Millière, les Pouilly, les Potet et les d'Anthès. Le revenu n'était que de cinq livres en 1773; Mre Guillaume, curé de Rosey, en était chapelain à cette époque[2].

Elle a été vendue nationalement, le 1er jour complémentaire de l'an IV, pour le prix de 1,800 livres[3].

Mre Guillaume, curé de Rosey, était titulaire aussi de la chapelle du Moulin-Madame, dont le produit était de huit livres en 1773[4].

Au-dessus du Clos Salomon, sur la paroisse de Cortiambles, se trouvait la chapelle de Saint-Pierre-ès-Liens, réparée en 1734, munie en 1735 d'une cloche du poids de 140 livres[5], et vendue 13,200 livres les 6 et 12 nivôse an VII[6].

Elle était distincte de la chapelle de Saint-Pierre de la Chaume, qui existait en 1274 sur la montagne, près de la teppe de Cortiambles, et qui fut vendue moyennant 120 livres les 16 et 26 floréal an XI.

La chapelle de Saint-Germain, dont on trouve mention en 1279, et qui était aux faubourgs, près le *meix Gabois*, a été démolie au XVIIIe siècle et ses revenus affectés au préceptoriat des enfants de chœur de la cathédrale de Chalon[7].

En 1285, il y avait une croix à Cortiambles; une autre, en 1303, entre Cortiambles et Poncey.

En 1645, les Grillot, de Russilly, en firent ériger sur les chemins allant à Poncey et à Saint-Desert.

En 1727, la ville en fit élever une en pierres de taille, de seize pieds de hauteur et à trois rangs de marches.

En 1756, Guillaume Montillot en fit dresser une au bas de Poncey, sur le mur de son jardin.

Enfin celle qui était au-dessous du village de Russilly fut réparée en 1786[8].

---

1. Parrain, Me Vivant Lafouge, avocat à la Cour et bailli de Verdun; marraine, Mme Marie-Nicole Boisserand, femme de Messire Vivant Denon, écuyer, seigneur de Lans et du Château-Mouton.
2. *Pouillé du diocèse de Chalon.*
3. Elle avait alors 31 pieds, 6 pouces de long, sur 15 pieds de large dans œuvre.
4. *Loc. cit.*
5. Parrain, Messire Claude de Beugre, écuyer, seigneur de La Chapelle-de-Bragny; marraine, Mme Nicole Clerguet, épouse de Messire Joseph Julien, écuyer.
6. « Il paroit, par des tombeaux de grès, que c'étoit l'ancien cimetière » (Courtépée, p. 25).
7. Courtépée, pp. 25 et 26.
8. Archives de Saône-et-Loire, C. 132, n° 71.

Confréries.

Les plus anciennes confréries de Givry etaient celles de Saint-Nicolas (1294) et de Saint-Michel (1299). Celle du Saint-Esprit n'apparaît qu'en 1378, mais ce fut la plus riche et elle ne disparut qu'avec l'ancien régime. Elle possédait[1], près de la porte dite *de Beaune* ou *de Chagny*, le bâtiment qui servait anciennement d'hôtel de ville et d'école, et qui fut vendu révolutionnairement pour le prix de 864 livres, le 5 brumaire an V ; ses terres et ses vignes avaient été adjugées à raison de 24,100 livres le 18 pluviôse an II.

On trouve encore à Givry des confréries du Corps de Notre-Seigneur (1429), de Saint-Sébastien (1536), de la charité (1682) et de Sainte-Barbe (1691)[2].

Cortiambles eut ses confréries de Saint-Martin (1291), à laquelle Jean, dit *Santeneauz*, de Mortières, légua deux bichets de seigle, une *tunica* et un *supertunicale* en 1296, et Gautier de Cortiambles, pretre, un demi-bichet de seigle et un *garnamentum* en 1317, des morts (1722) ou de la délivrance des âmes du purgatoire (1776)[3], et du Saint-Sacrement (1722).

Russilly, enfin, ses confréries de Notre-Dame et des Sept-Joies (1291).

---

1. La totalité de ses droits et biens (maison, terres, prés, vignes, rentes et cens), était amodiée pour 560 livres en 1767.
2. « L'image de sainte Barbe peinte sur le premier vitreau du chœur de l'église à gauche, et une ancienne statue de cette sainte qui a été transportée de l'église au-dessus de la porte de l'horloge, ne permettent pas de douter de l'antiquité de sa confrairie ». (Archives de Saône-et-Loire, E. 1470.)
3. Archives de Saône-et-Loire, G. 366, n° 4.

VII. — INSTRUCTION PRIMAIRE ET ASSISTANCE PUBLIQUE. LA MAISON-DIEU.

Instruction primaire.

Depuis le XIIIe siècle, il y a eu, pour ainsi dire sans discontinuité, des recteurs d'école à Givry. Jacques d'Essertennes, clerc, l'était en 1294, quand Perrenelle, femme de Guillaume Grusart, lui légua deux sous. Il avait même un sceau que Guillemette de Cortiambles le pria d'apposer sur son testament au mois de juillet 1297. Puis, nous relevons les noms de Jean Legendre (1434), Girard Godard (1471), Jean Ricouchard (1570), Me Toussaint (1588), Humbert Faivre (1590), Pierre La Niepce (1603), Jean Langlois (1611), Toussaint Ruelle (1615), Guillaume Besson (1625), Jean Vuauregard (1632), Robert Carbonnet (1639), Mre Robinet (1644), Adrien Ruotte (1646), Claude Ternet (1648), Henri Turpin (1652), Jean Lange (1662), Jean Soriot père (1666), Jean Soriot fils (1671), Charles Vannier (1674), Philibert Personnier (1681), Pierre Touchemoulin (1684), Lazare Michel (1697), Antoine Bardin (1709), Pierre Faucon (1713), Jean Lavaillote (1716), François de Merey (1723), Jean Garnier (1734), Claude-Marie Chevalier (1738), Louis Gallopin père (1747), Etienne-Antide Terrillon (1782).

Quand un maître nouveau se présentait, on le remboursait de ses menus frais[1]. Ses gages étaient, en 1738, de 120 livres par an.

Les classes se faisaient, au XVIIIe siècle, dans la maison de la confrérie du Saint-Esprit, située rue de Beaune, près de la porte de ce nom, où se tenaient les assemblées de la communauté.

Cortiambles et Poncey eurent également leurs maîtres d'école. Nous trouvons dans le premier de ces hameaux, Jean Grachet (1750), Louis Gallopin fils (1786), Jean-Baptiste Voindrot (1787); dans le second, Jean Grachet (1753), Philibert Bellenand (1765).

Assistance publique. La maison-Dieu.

La maison-Dieu de Givry qui existe aujourd'hui encore à l'état de ferme appartenant aux hospices de Chalon, remonte à une date antérieure au XIIIe siècle. Elle était déjà florissante,

---

1. Vote : en 1638, de 10 s. à « un maistre d'écolle qui c'estoyt présenté pour enseygner les enfans, pour son souper avec son digner » ; en 1658, de 8 l., 18 s. « à honnorable Jean Mazille, hoste à Givry, pour despence de bouche faicte en sa maison par quelques maistres d'escolles qui s'estoient présentés pour demeurer audict Givry ».

lorsque Huguette, dame d'Epoisses et de Givry, donna aux frères hospitaliers qui la desservaient le plein usage de sa forêt dudit Givry pour leurs bâtiments et leur moulin (1234), deux muids de vin de cens, trois pains d'une quarte de froment chacun, six setiers de vin et douze deniers de coutume, plus neuf deniers de rente (1248)[1], et lorsque Guillaume de Dracy, chevalier, leur laissa tous les droits qu'il avait aux foires de Chalon, *in ventis videlicet de merceriis, de pipere, de corduano, de sotularibus corduaneis, de sellis et loranis, de funibus, de migeys, de potis cupreis, stagneis, ereis, ferreis, terreis, de coriis cervorum, de lanceis venditis, et de omnibus aliis rebus in predictis nundinis venditis, item in basenis, item in quinque solidis divionensium annui redditus quos debent annuatim illi qui vendunt* les faltres *in predictis nundinis* (1256).

Beaucoup d'habitants de Givry choisirent, au XIIIe siècle, le cimetière de la maison-Dieu pour lieu de leur sépulture[2], et léguèrent par testament à cette institution, qui deux setiers de vin (1275), qui trente deniers (1279), qui deux draps (1310), qui un lit garni (1379).

Il y avait, à cette époque, un quartier de la maison-Dieu réservé aux pauvres, ce qui donnait lieu à des libéralités spéciales : une *culcitra cum pulvinari* en 1275, deux draps en 1279, une *plena refectio* en 1296, une quarte de froment en 1306, deux draps encore en 1317, etc.

La maladrerie ou léproserie était distincte de la maison-Dieu et isolée. Nous voyons les malheureux qui l'habitaient hériter de cinq sous en 1275, d'une couverture et de douze deniers en 1279, d'une paire de souliers chacun en 1297, de deux draps en 1310, etc.

Un arrêt du parlement de Dijon rendu vers 1534 prescrivait de « garnir l'hôpital de trois lits pour les pauvres passans[3] ».

C'est au XVIe siècle, sans doute, que la maison-Dieu fut érigée en un prieuré à la collation du doyen du chapitre de Saint-Pierre de Chalon, et qui, en 1690, était membre de la commanderie de Beaune de l'ordre de Notre-Dame du Mont-Carmel et de Saint-Lazare de Jérusalem[4]. En 1696. une ordonnance royale en prononça l'union à l'hôpital de Chalon, où la communauté de Givry eut droit depuis lors à deux lits. Puis ce nombre fut porté à quatre par suite d'une fondation du seigneur, M. Abraham Quarré.

Elle possédait quelques biens, une petite dimerie qui comprenait tout l'ancien domaine de la maison, c'est-à-dire les terres environnantes, plus quelques centaines d'arpents de vignes *En Champ Pourot*, et des droits variés, parmi lesquels nous citerons un pintet de vin de cens sur une pièce de terre à Saint-Desert,

---

1. Archives de l'hôpital de Chalon. — Communication de M. Millot, archiviste.
2. Comme Guilleniette de Cortiambles, veuve de Josserand de Cortiambles, en 1297.
3. Archives de la Côte-d'Or. Peincedé, t. XIX, p. 604.
4. Archives de Saône-et-Loire, G. 41, n° 67.

lieudit *En Chasseignez* (1378). Vers 1669, son revenu était de 340 livres, et ses charges de 75 livres de décimes [1].

On trouve, comme maîtres et recteurs ou prieurs de la maison-Dieu, Jean de Fontaines (1233)[2], Mre Hugues (1238), Mre Jacques (1256), Guy de Mongirbert (1275), Mre Hugues (1291), Simon Damas, chanoine de Saint-Pierre de Mâcon (1328), M^re d'Allemezay (1342), Guillaume de Galfroy, chanoine de Saint-Pierre de Mâcon (1409), Fr. Othenin de La Gelière, chanoine de Saint-Pierre de Mâcon (1459)[3], Fr. Claude Naguz (1492)[4], Guyot Desbois (1516), Jean de Varennes, chanoine de Saint-Pierre de Mâcon (1527)[5], Raymond de Chabot, chanoine de la même église (1577)[6], Jean Pavalier (1583), Henri du Char, *alias* Duchard, chanoine de Saint-Vincent de Chalon (1599)[7], Antoine Perriaud (1601), Philibert Alleyné, chanoine de Saint-Vincent de Mâcon (1607), Antoine Buffet, chanoine de Saint-Just de Lyon (1646), M. Fortin, principal du collège d'Harcourt à Paris (1666), M. Dumontet de Lusigny, chanoine de Saint-Quentin en Picardie, « homme de probité et de vertu, et qui se porte bien » (1667)[8], et M. Jean Delugny, de l'Oratoire de Dijon (1676).

Les bâtiments n'étaient plus occupés, au XVIIe siècle, que par des métayers. Le fermier était tenu d'y coucher les passants, d'y faire une messe tous les mois, et d'y organiser chaque année sept processions, pour chacune desquelles il devait fournir deux pintes de vin, un pain de deux sous et un gâteau[9].

L'ancienne chapelle, placée sous le vocable de Notre-Dame de Pitié, et qui est de la fin de l'époque romane, existe encore. Elle est bien orientée et se compose : d'une nef, plus large que longue, voûtée en berceau ; d'une abside en cul-de-four ; d'un clocher carré, percé, sur chacune de ses faces, d'une baie géminée en plein cintre, dont la retombée médiane correspond à un groupe de deux colonnettes placées l'une derrière l'autre. On y remarque quelques débris de dalles tumulaires et, dans une niche, une Notre-Dame de Pitié, mutilée, en pierre.

Parmi les autres institutions de bienfaisance de Givry, citons la confrérie de la charité, qui fonctionnait au XVIIe siècle[10], et la fondation de Mme Philiberte Denon, veuve de Me Vivant Jolivot dit *Dupon*, qui laissa en 1743 « la somme de 12,000 francs pour

---

1. Archives de la Côte-d'Or, C. 2887.
2. Les noms pour lesquels nous ne donnons pas d'indications de sources sont tirés des archives de la ville de Givry et de celles de l'hôpital de Chalon.
3. Archives de Saône-et-Loire, G. 38, n° 5.
4. Id., G. 39, n° 2.
5. Id., E. 1408.
6. Id., E. 1322.
7. Id., G. 40, n°s 16 et 29.
8. Archives de la Côte-d'Or, C. 2887.
9. Id., *ibid.*
10. Sépulture de Jean Roche, âgé d'environ 30 ans, « natif d'Auvergne, ayant esté nourrit et alimenté aux despens de la confrérie de la charité despuis environ trois mois » (24 novembre 1682). — Legs par Pierrette Guyot, veuve de Robert Liébault, de 100 livres aux dames de la charité « pour estre distribuées aux pauvres malades honteux et nécessiteux de la paroisse » (25 août 1727).

l'établissement de deux sœurs de la charité[1], autrement dites sœurs grises[2] ».

Parmi les principaux bienfaiteurs des pauvres il faut citer : Pierre Fèvre, prêtre, qui leur légua un bichet de seigle (1267) ; Guillemin, de Château-Chinon, 70 sous de bureau (1275) ; Avrillette de Sassenay, une bannette de sel (1286) ; Perrenelle, femme de Guillaume Grusart, trois sous et la moitié d'un *petasus* en carême (1294) ; Huguenet dit *Raquillaz*, le pain d'un bichet de seigle et un bichet de fèves cuites (1310) ; Jean Maillard, curé de Jully-lès-Buxy, douze deniers *cum plena refectione* et un bichet de seigle (1315) ; Jacques Saugeot, clerc, le pain de quatre bichets de froment (1328) ; Philibert Marceau, deux sommées de sel, et ledit sel distribué, une obole à chacun en cas de besoin (1379) ; Claude, veuve de Jean Garenet, un poinçon de vin et le pain de six bichets de blé (1524) ; Pierrette Guyot, veuve de Robert Liébault, 100 livres (1727) ; etc.

Ceux de Cortiambles reçurent de Toussaint Vachet, vigneron à Sauges, et de Jeanne Bellenand, sa femme, 200 livres en 1744[3].

Ceux de Russilly avaient reçu aussi de Gautier dit *Gueriz*, leur curé, en 1291, vingt paires de souliers et vingt-cinq aunes de bureau.

Philibert Marceau avait laissé, en 1379, une somme de 200 francs à partager par moitié entre Givry et Chalon pour doter vingt filles pauvres.

Tous les ans on donnait aux enchères au profit des pauvres le droit de tuer des bêtes et de vendre de la viande pendant le carême. Le boucher qui resta adjudicataire de ce droit en 1768 l'eut sur une mise totale de 24 livres, somme qu'il versa aussitôt entre les mains des dames de la charité[4].

Enfin l'administration de la province n'hésitait pas à soulager les misères quand elles étaient générales et trop grandes. Témoin cette lettre écrite aux curés par le secrétaire des états de Bourgogne : « ... MM. les élus généraux de cette province, instruits du zèle avec lequel vous vous occupez de procurer des secours aux malheureux indigents de votre paroisse, dans ces temps de disette de grains, croient ne pouvoir mieux faire que de vous confier la distribution d'un secours de riz, que la cherté de la denrée de première nécessité les a déterminés à envoyer dans toutes les communes de cette province... Votre paroisse est comprise dans l'état général de distribution pour la quantité de deux cent trente-neuf livres et quart de riz... Le zèle et l'ardeur avec lesquels vous remplissez vos devoirs de pasteur font espérer à MM. les élus que vous vous chargerez avec joie du soin de faire cuire et préparer le riz chez vous, en suivant une des méthodes ci-jointes ; elles sont éprouvées, et c'est la seule façon de multiplier et rendre le secours efficace... » (Dijon, 30 mars 1771).

---

1. C'est la seule communauté qu'il y ait jamais eu à Givry. Rien ne justifie ce que dit Courtépée (p. 27) : « On présume qu'il y a eu des religieuses dans la *rue des Dames* près la poterne à l'ouest ».
2. « Changées depuis en deux *sœurs noires* de Chalon », dit, en 1780, Courtépée (p. 26). Elles *servaient les malades* et *instruisaient la jeunesse* (Id., *ibid.*)
3. Archives de Saône-et-Loire, G. 366, n° 8.
4. Archives de Saône-et-Loire, série B.

VIII. — STATISTIQUE DE LA POPULATION, DE L'AGRICULTURE, DE L'INDUSTRIE ET DU COMMERCE.

Population.

Les *cherches* des feux, auxquelles les ducs firent procéder en vue de la levée des impôts, nous renseignent exactement sur la population de Givry et de ses hameaux au moyen âge. Voici quelques-uns des chiffres qu'elles nous font connaître[1].

Givry :

En 1358 : 311 feux francs; 27 serviteurs, plus 19 dans l'étendue de la poesté.
En 1360 : 83 feux francs; 15 misérables; 2 nobles[2]; 5 prêtres[3].
En 1393 : 22 feux francs solvables; 32 feux francs misérables : 23 feux francs mendiants.
En 1400 : 16 feux francs solvables ; 23 feux francs misérables.
En 1406 : 14 feux francs solvables; 25 feux francs misérables.
En 1413 : 9 feux francs solvables: 37 feux francs misérables; 14 feux francs mendiants.
En 1423 : 9 feux francs solvables; 23 feux francs misérables ; 2 feux francs mendiants.
En 1430 : 8 feux francs solvables; 21 feux francs misérables; 7 feux francs mendiants.
En 1442 : 3 feux francs solvables; 22 feux francs misérables: 7 feux francs mendiants.
En 1449 : 40 feux francs.
En 1461 : 38 feux francs.
En 1470 : 7 feux francs solvables ; 27 feux francs misérables : 17 feux francs mendiants.
En 1475 : 41 feux francs.

Faubourgs :

En 1423 : 8 feux francs solvables : 25 feux francs misérables ; 16 feux francs mendiants.
En 1430 : 10 feux francs solvables; 37 feux francs misérables ; 16 feux francs mendiants.
En 1442 : 3 feux francs solvables; 36 feux francs misérables ; 16 feux francs mendiants.

---

1. Archives de la Côte-d'Or, B. 11538-11554.
2. Jacquet Dien, Humbert de Charnoux.
3. Le curé, le maitre de la maison-Dieu, M[res] Hugues et Jean Salomon. Mre Philibert Grepillot.

En 1449 : 62 feux francs.
En 1461 : 33 feux francs.
En 1470 : 8 feux francs solvables ; 36 feux francs misérables ; 31 feux francs mendiants.
En 1475 : 46 feux francs.

Poncey :

En 1393 : 15 feux francs solvables ; 20 feux francs misérables.
En 1400 : 8 feux francs solvables; 14 feux francs misérables.
En 1406 : 8 feux francs solvables; 15 feux francs misérables.
En 1413 : 8 feux francs solvables ; 10 feux francs misérables ; 5 feux francs mendiants.
En 1423 : 9 feux francs solvables ; 13 feux francs misérables ; 8 feux francs mendiants.
En 1430 : 9 feux francs solvables ; 14 feux francs misérables ; 7 feux francs mendiants.
En 1442 : 3 feux francs solvables ; 17 feux francs misérables ; 12 feux francs mendiants.
En 1449 : 37 feux francs.
En 1461 : 26 feux francs.
En 1470 : 23 feux francs moyens ; 17 feux francs misérables.
En 1475 : 31 feux francs.

Russilly :

En 1358 : 34 feux francs ; 2 serviteurs.
En 1393 : 9 feux francs solvables ; 8 feux francs misérables.
En 1400 : 4 feux francs solvables ; 8 feux francs misérables.
En 1406 : 4 feux francs solvables; 10 feux francs misérables.
En 1413 : 3 feux francs solvables ; 10 feux francs misérables.
En 1423 : 4 feux francs solvables ; 8 feux francs misérables ; 1 feu franc mendiant.
En 1430 : 3 feux francs solvables ; 9 feux francs misérables ; 3 feux francs mendiants.
En 1442 : 6 feux francs misérables ; 3 feux francs mendiants.
En 1449 : 12 feux francs.
En 1461 : 10 feux francs.
En 1470 : 8 feux francs moyens; 8 feux francs misérables.
En 1475 : 13 feux francs.

Cortiambles :

En 1393 : 3 feux francs solvables ; 5 feux francs misérables.
En 1400 : 2 feux francs solvables ; 4 feux francs misérables.
En 1406 : 2 feux francs solvables ; 6 feux francs misérables.
En 1413 : 2 feux francs solvables ; 6 feux francs misérables ; 1 feu franc mendiant.
En 1423 : 2 feux francs solvables; 5 feux francs misérables.
En 1430 : 2 feux francs solvables ; 5 feux francs misérables; 3 feux francs mendiants.
En 1442 : 4 feux francs misérables ; 7 feux francs mendiants.

En 1449 : 13 feux francs.
En 1461 : 10 feux francs.
En 1470 : 1 feu franc solvable ; 2 feux francs moyens ; 6 feux francs misérables.
En 1475 : 10 feux francs.

Mortières :

En 1393 : 4 feux francs solvables ; 12 feux francs misérables.
En 1400 : 2 feux francs solvables ; 4 feux francs misérables.
En 1406 : 2 feux francs solvables ; 6 feux francs misérables.
En 1413 : 2 feux francs solvables ; 9 feux francs misérables ; 4 feux francs mendiants.
En 1423 : 3 feux francs solvables ; 4 feux francs misérables ; 2 feux francs mendiants.
En 1430 : 2 feux francs solvables ; 7 feux francs misérables ; 3 feux francs mendiants.
En 1442 : 1 feu franc solvable ; 2 feux francs misérables ; 5 feux francs mendiants.
En 1449 : 7 feux francs.
En 1461 : 6 feux francs.
En 1470 : 3 feux francs moyens ; 7 feux francs misérables.
En 1475 : 7 feux francs.

Sauges :

En 1393 : 4 feux francs solvables ; 3 feux francs misérables.
En 1400 : 2 feux francs solvables ; 3 feux francs misérables.
En 1406 : 1 feu franc solvable ; 4 feux francs misérables.
En 1413 : 1 feu franc solvable ; 4 feux francs misérables.
En 1423 : 2 feux francs solvables ; 4 feux francs misérables ; 2 feux francs mendiants.
En 1430 : 1 feu franc solvable ; 6 feux francs misérables ; 2 feux francs mendiants
En 1442 : 1 feu franc solvable ; 4 feux francs misérables ; 2 feux francs mendiants.
En 1449 : 6 feux francs.
En 1461 : 9 feux francs.
En 1470 : 1 feu franc solvable ; 5 feux francs moyens ; 1 feu franc misérable.
En 1475 : 11 feux francs.

La Grange-Saugeot :

En 1470 : 1 feu franc.

Le nombre des imposés était, en 1611 : à Givry, faubourgs compris, 156 ; à Sauges, 8 ; à Poncey, 38 ; à Cortiambles, 17 ; à Russilly, 21 ; au Cellier-aux-Moines, 2 ; à La Grange-Saugeot, 1 ; à Mortières, 17. Total : 270[1].

---

1. Archives de la Côte-d'Or, C. 4804.

On en recensait, en 1656 : à Givry, faubourgs compris, 235 ; à Mortières, 15 ; à Sauges, 11 ; à Cortiambles et Poncey, 58 ; à Russilly, 35. Total : 354, « pauvres pour la pluspart[1] ».

En 1691, le nombre des habitants s'élevait à 429[2] ; moins d'un siècle après, en 1780, il était de 2,472, soit 467 feux[3].

Au commencement du XIV° siècle, il y avait à Givry, au moins deux juifs, qui y étaient propriétaires de vignes. Ils se nommaient Élie (*Elyas*) et Moreau (*Morellus*).

Nous n'avons rencontré, dans l'espace de deux cents ans que quatre centenaires ou réputées telles : Elisabeth Parise (1722), Anne Prince, veuve d'Étienne Mazille (1745), Jeanne-Judith Genèvre (1773), et Marie Fleury, veuve d'Antoine Degros (1792).

Parmi les années extraordinairement défavorables à l'accroissement de la population, il faut citer 1694, pendant laquelle il y eut, pour la paroisse de Givry et de Cortiambles, 17 naissances et 122 décès. A la suite des gros hivers de 1709 et 1710, on enregistra aussi plus de sépultures que de baptêmes, 37 contre 18. Des malheureux vinrent mourir à Givry, comme partout, de faim et de misère : « un pauvre inconnu que l'on dit être de Cluny » (25 mai 1709) ; « une pauvre estrangère de Saint-Emilan » (20 septembre 1709) ; « une femme estrangère » (25 septembre 1709) ; etc. On les trouvait inanimés le long des routes[4]. Enfin, 1726 et 1736 furent également des années de grande mortalité[5].

La peste exerça ses ravages en 1488, 1490, 1493, 1494, 1499, 1506, 1507[6], 1519[7], et jusqu'au commencement du XVII° siècle. Le 1er août 1630, « voyage de Nostre-Dame-de-Grâce, où les esglises de Givry et Cortiambles estoyent allées en procession généralle, en nombre de plus de trois cens parroissiens des deux sexes, par vœu cy-devant faict à ladicte Nostre-Dame-de-Grâce pour implorer son secours vers son cher fils nostre Saulveur Jésus-Christ, affin d'appaiser le courroux de Dieu, son père, justement irrité contre nous pour nos péchez, et nous deslivrer de la maladie de peste qui nous afflige et nos voisins aussy ».

A la même époque, on voit isoler dans des *cadolles*, en rase campagne, une fille d'Etiennette Douhairet, femme de Thomas Mouton (1630), Jeanne Verjux, femme de Philibert Logerotte (1631), Toussaint Marmanjon (1638).

En 1636, Louis Pertuyset, dit *Mondésert*, garde des bois et chasses de Mgr de Bellegarde, « résidant à Gergy, (se) réfugie à Givry à cause de la guerre et de la peste ».

---

1. Archives de la Côte-d'Or, C. 4809 et 2887.
2. Id., C. 4811.
3. Courtépée, p. 37.
4. Cf. L. Lex, *La Famine de 1709 et l'Epizootie de 1714 en Bourgogne* dans *Bulletin historique et philologique du Comité des travaux historiques et scientifiques*, 1889, in-8°, p. 243 et suiv.
5. En 1736, on dut faire venir des chirurgiens de Chalon (*Inventaire des archives de Chalon antérieures à 1790*, in-4°, CC. 135) et « demander à Mgr un religieux pour confesser pendant les festes de Pantecotte, attendu la maladie ». (Archives de Givry, CC. 125.)
6. Archives de Saône-et-Loire, E. 1017 et 1018.
7. Archives de Givry, II. 5.

En 1637, on paie 12 l., 10 s. « à maitre Pierre Siche, sireurgien, pour vingt et sinq visittes qu'il a faict », pour reconnaitre « les maladies présomptifs de contagion », et 12 l., 4 s. à Jean Dubo « pour avoir netoié et parfumé la maison de feu Thomas Boutenet, où il est décédé et toute sa famille ».

Les patronymes les plus fréquents dans les anciens registres paroissiaux sont les suivants.

Adenot, Alexandre, Arler, Armangeon, Aroer.

Baillargeau, Baillet, Balot, Barault, Baron, Baubet, Baudot, Bellenand, Benoiston, Bernard, Berry, Berthaud, Bertrand, Bignier, Boisserand, Bon, Boterant, Bouquinet, Bourbon, Boutaud, Bret, Brest, Bricard, Bruchiet, Bruère, Brun, Brune, Brunet, Buchalle, Bureau, Burignot.

Calandre, Camus, Censier, Chaillet, Champion, Chaumont, Chichey, Chivrot, Chrétien, Clerc, Colmont, Compte, de La Condemène, Coppellet, Cordier, Cornillet, Cornu, Cortey, Crousot, Cruchaudet, Curley.

Dambronay, Danon, Dardelin, David, Delaporte, Demortière, Denon, Dimer, Dormes, Doublevalot, Doyen, Dubreuil, Durand.

Erroy.

Faivre, Faquet, Faquetet, Farizy, Favelier, Féau, Fèvre, Forteret, François, Froissard.

Gaillard, Garenet, Gautheron, Gauthey, Genaivre, Gevriat, Gillot, Girard, Giroud, Godard, Godillot, Godin, Gombert, Goubard, Goujon, Grachet, Grillot, Grusard, Guénot, Guérauld, Guichard, Guyot, Gyen.

Hernoux, Huguenot.

Jobelot, Jolivot, Jose, Juillet, Julliot, Jusseau.

Lafouge, Laichot, Larlault, Laurent, Lavaillote, Léglise, Leschenault, Liébault, Limonnier[1], Logerotte, Lucas.

Maillard, Marceau, Marcel, Marloud, Marmangeon, Martin, Masson, Mazille, Ménard, Monin, du Mont, Montillot, Morelet. Morin, de Mortières, Mottet, Mouton[2], Mugnier.

Naulet, Niepce, Nyot.

Papillot, Paquelin, Parisot, Parize, Pelissonnier, Périer. Perrault, Perrenin, Personnier, Petit, Pichet, Pignault, Pillot, Pinard, Poponat, Pourcher, Prestement, Prestet, Proteau.

Quarré, Quillot, Quinery.

Racle, Ragot, Raquillat, Rateau, Regnauldin, Rey, Rigault, Robert, Romenet, Romey, Roulx, Rousseau, Roussignot, Roze, Russilly.

Saget, Salomon, Santeneaul, Saugeot, Saulney, Sauvaigeot, Soryot, du Soulain, Symon.

---

1. Nous sommes heureux d'avoir l'occasion de remercier ici un représentant de cette vieille famille, M. Limonnier, maire de Givry, qui, des premiers, a bien voulu estimer que le présent travail méritait les honneurs de l'impression.
2. « Les Mouton ont été si nombreux qu'un seul aïeul de ceux établis actuellement à Chalon, comptoit, à l'âge de 84 ans qu'il décéda. 80 descendans tous vivans, ce qui étoit écrit sur sa tombe en l'église de Givry, avant les nouvelles constructions ». (Courtépée, pp. 38-9.)

Terrillon, Thomas, Touchemoulin.
Vachet, Varot, Verjux, Villedieu, Villot, Voire, Voriot.
Ymbert.

Agriculture, industrie et commerce.

« Givry est situé dans le bas d'une montagne, dans un pays assés découvert. Il y a audit lieu terres à froment et à consceau, quantité de vignes dont le vin est de bonne qualité, et des bois communaux de futaye considérables[1]. Il n'y a aucune prairie, les habitans étans obligés d'acheter des fourages ailleurs pour la nourriture de leur bétail. Le principal revenu dudit lieu consiste en vin, dont ils ont très peu recuilly despuis trois ans. N'y a aucun aultre commerce audit lieu ». Voilà ce qu'écrivait, en 1691, l'élu commis à la visite des feux du bailliage de Chalon[2].

La vigne a, de tout temps, fait à Givry l'objet de la principale culture, et dès le XIVe siècle, les vins qui en provenaient étaient assez recherchés. Les ordonnances de Philippe de Valois et de Jean le Bon pour la levée de l'aide accordée à Paris, portent que « le tonnel de vin de Givry, le vendeur payera six (en 1349), neuf (en 1351) soulz, et l'achateur, pour revendre, autant[3] ».

Agnès de Bourgogne, duchesse de Bourbonnais, s'en faisait livrer, en 1449, 60 queues, pour la boisson de Mme Jeanne de France, la sienne et celle de ses enfants[4].

Courtépée rapporte[5] que « il est dit dans les registres des avocats de Chalon au XVIe siècle qu'à une Sainte-Yves *le bâtonnier avoit régalé splendidement et opiparément avec du vin généreux de Givri*. C'est une tradition que Henri IV en faisoit son ordinaire et l'exempta des droits d'entrée, qu'on rétablit bientôt parce qu'on en faisoit plus entrer que Givri n'en pouvoit fournir ».

A la fin du XVIIe siècle, l'arpent de terre valait à Givry 80 livres, l'arpent de bois 60 livres et l'ouvrée de vigne 30 livres[6].

Vers 1480, la queue de vin de Givry valait 6 francs[7], et en 1543[8], 20 francs.

« Les climats fins », ou connus comme tels, au XVIIIe siècle, étaient « le Clos Jus, le Clos Saint-Pierre, le Clos Saint-Paul, le Clos Salomon, le Cellier-aux-Moines, les Bois Chevaux » pour les vins rouges, et « le Champ Pourot » pour les vins blancs[9].

En 1611, il n'y avait que 13 charrues de bœufs et de chevaux

---

1. Nous avons dit déjà 2,008 arpents.
2. Archives de la Côte-d'Or, C. 4811.
3. *Ordonnances des Roys de France*, t. II, in-f°, pp. 319 et 424.
4. Archives de la Côte-d'Or. Peincedé, t. II, p. 403.
5. Page 32.
6. Archives de la Côte-d'Or, C. 2887. — L'ouvrée de vigne se vendait à Poncey 5 francs 1/2 en 1480 (Archives de Saône-et-Loire, E. 1017.)
7. Archives de la Côte-d'Or, B. 5288.
8. Archives de Saône-et-Loire, E. 1352.
9. Courtépée, p. 32.

dans toute l'étendue de la paroisse, savoir 7 à Givry, 3 à Cortiambles et Poncey, 1 à Mortières, 1 à Russilly, 1 à La Grange-Saugeot[1]. On en comptait 15 en 1656, 21 en 1691[2] et 55 en 1773. Cette dernière année, on récolta 8,100 boisseaux de froment, 1,350 d'orge, 1,600 de menus grains ; les 940 arpents plantés de vigne ne donnèrent, par suite de la grêle, que 390 muids au lieu de 880, produit de l'année commune. A la même date, on recensa 23 chevaux, 60 bêtes à laine et 250 bêtes à cornes[3].

Parmi les cultures disparues, citons celle du safran, dont il y avait en 1535 au moins une ouvrée de terre emplantée. Les noyers étaient aussi en quantité plus grande autrefois qu'aujourd'hui.

Les principaux phénomènes atmosphériques funestes à l'agriculture sont : les gelées de 1491, 1497, 1498, 1502[4], 1681[5] et 1736[6], « les frescheurs et les nielles » postérieures à la Saint-Jean, qui comprirent la récolte de blé en 1623[7], les neiges de 1731, les pluies de 1499, de 1501, de 1502, les grêles de 1759 et 1773[8], les sécheresses de 1500[9], 1584[10], 1731 et 1741.

En 1657 on dépensa 43 s. de pain et de vin « fournis le jour de sainte Croix à plusieurs habitans qui aydèrent à faire la chasse des loups ».

En 1714, il y eut une épizootie[11].

Dès le XV° siècle, il y avait à Givry deux foires par an, qui duraient l'une et l'autre trois jours, la première à la Sainte-Madeleine (22 juillet), la seconde à la Sainte-Catherine (25 novembre), celle-ci de « chetite valeur »[12] ; un marché toutes les semaines, le lundi. Au XVII° siècle, la foire du printemps avait été avancée ; elle se tenait à la Saint-Jean-Porte-Latine (6 mai).

A ce que nous avons déjà dit de la valeur des denrées sous l'ancien régime, ajoutons que l'on payait : trois bouteilles de six pintes de vin, 24 s. en 1632, deux feuillettes de vin, 124 l. en 1637, quatre feuillettes, 22 écus en 1643, cinq feuillettes, 187 l.,

---

1. Archives de la Côte-d'Or, C. 4804.
2. Id., C. 4809 et 4811.
3. Id., C. 84.
4. Archives de Saône-et-Loire, E. 1017 et 1018.
5. Sépulture d'une enfant « inhumée dans l'église, à cause de la grande gelée » (1er janvier 1681).
6. Au mois de mai.
7. Archives de Saône-et-Loire, G. 40, n° 48.
8. En 1717, on paie 20 s. « pour la fasson du rolle pour sonner quand il tonne et fait quelques autres mauvais temps ».
9. Cette année-là, il y eut peu de blé, mais d'excellent vin, (Archives de Saône-et-Loire, E. 1018.)
10. « L'an mil cinq cens quatre-vingt et quatre, le mardy après la Trinité, nous firent prossossions blanche à Notre-Dame de Marloud, le mercredy suyvant à Notre-Dame de la Maison-Dieu, le vendredi après la Faite-Dieu nous alâmes à Saint-Marcel pour la cause de la cheicheresse qui fit l'année que dessus, car il fut pour le moing six semaine sans pluvoir, et à Saint-Marcel il y avoit le jour susdit eviron vingt processions ».
11. On trouve dans les comptes de 1715 : 3 s., 8 d. « pour avoir fait publier un esdit au son du tambourgt au sujet de la mortalité des bestiaux » ; 30 s. « pour avoir encrotté deux vaches qui estoient mortes ».
12. Archives de la Côte-d'Or, B. 11543.

10 s. en 1734 ; un levraut, 25 s. en 1637, deux levrauts, 35 s. en 1638, 3 levrauts, 4 l., 10 s. en 1639 ; un chevreuil et un marcassin, 30 l. en 1725, un faisan, 4 l., 10 s. en 1654 ; quatre perdrix, 4 l., 10 s. en 1652 ; une douzaine de citrons, 48 s. en 1663.

Les années connues de famine sont 1488, 1493, 1507[1] et 1710.

Le bichet de froment valait 1 franc en 1480[2]. Il contenait quatre quartes, et la quarte deux boisseaux. Neuf boisseaux de Chalon faisaient les huit de Givry[3]. On voit dans Courtépée que la mesure de Givry pesait 42 livres.

La mesure d'avoine se payait à Givry 1 l., 12 s. en 1765. Elle pesait 26 ou 28 livres, celle de Chalon 20 ou 24 livres[4].

Un document de la fin du XVIIe siècle dit que le bichet de blé froment, « ledit bichet de 15 boisseaux », valait, année commune, 10 livres, et le poinçon de vin, 25 livres[5].

En 1691, on recensait à Givry : 1 juge, 1 procureur d'office, 1 notaire, 2 praticiens, 1 sergent royal, 2 chirurgiens, 1 entrepreneur, 5 marchands, 5 tanneurs, 3 cabaretiers, 6 bouchers, 12 cordonniers, 14 tissiers, 7 couvreurs à laves, 3 maréchaux, 5 propriétaires, 14 grangiers, 29 vignerons et 228 manouvriers[6] ; en 1789, 1 contrôleur, 2 notaires, 1 architecte, 3 chirurgiens, 2 huissiers, 1 sergent, 15 bourgeois, 3 fermiers, 8 laboureurs, 104 vignerons, 6 marchands, 2 boulangers, 3 aubergistes, 2 bouchers, 1 meunier, 2 perruquiers, 6 cabaretiers, 116 artisans et 77 journaliers[7].

Le principal commerce était celui des vins[8]. On admirait, à la fin du XVIIIe siècle, « les caves ou magasins de Vivant Millard, négociant, nouvellement construites à double voûte sans charpente, contenant 2,000 pièces de vin, avec neuf foudres de 20 à 60 tonneaux, placées dans des niches taillées dans le roc. Ce bel ouvrage est du dessin de Jean-Nicolas Bouvaux, de Givri. Celle de Denis Millard, l'aîné, bâtie près de son fief dit *le Noble*, longue de 152 pieds sur 36 de large n'a qu'une seule voûte[9] ».

« Depuis dix ans, écrivait Courtépée en 1780, les jeunes filles s'occupent à la filature du coton[10] ».

Plusieurs carrières étaient en pleine activité au siècle dernier ; elles fournissaient de calcaire rouge et de calcaire blanc Chalon et toute la contrée. « La pierre rouge veinée, susceptible

---

1. Archives de Saône-et-Loire, E. 1017 et 1018.
2. Archives de la Côte-d'Or, B. 5288.
3. Id., B. 5280.
4. Archives de Saône-et-Loire, C. 132, n° 35.
5. Archives de la Côte-d'Or, C. 2887.
6. Id., C. 4811.
7. Id., C. 6706. — A la même date il y avait : à Cortiambles et à Poncey, 62 vignerons, 10 laboureurs, 2 tonneliers, 3 tisserands, 1 maréchal, 13 journaliers ; à Russilly, 1 propriétaire, 22 vignerons, 2 journaliers. (Id., C. 6683 et 6706.)
8. « Givri est presque le centre de tous les vignobles de la province : les vins les plus éloignés peuvent y arriver à 3 l. par pièce de voiture, exempts de tous droits. » (Courtépée, p. 33.)
9. Courtépée, pp. 34 et 35.
10. Id., p. 38.

du poli, ressemble à du marbre. Selon le calcul de M. Gauthey[1], le pied cube pèse 165 livres, la tendre 145, celle de Tonnerre 120, la brique 109, le grès tendre 174, le porphire 201, le marbre de Gênes 189. Le pied cube de pierre de Givri peut porter un poids (c'est le plus petit) de 416,192, poids moyen 663,552, le plus grand 870,911. La hauteur dont les pierres peuvent être chargées va jusqu'à 670 toises. (V. *Journal de Physique*, nov. 1774)[2] ».

---

1. Ingénieur en chef de la province de Bourgogne.
2. Courtépée, pp. 135-36.

IX. — BIOGRAPHIE DE QUELQUES PERSONNAGES NÉS A GIVRY.

GIRARD (Jean). — Dans sa *Bibliothèque des auteurs de Bourgogne* (t. I, Dijon, 1745, in-f°, p. 254) l'abbé Papillon consacre à ce personnage les lignes suivantes : « GIRARD (Jean), étoit né à Givry, bourg à une lieue de Chalon. Selon le P. Jacob (*De clar. Scriptor. Cabilon.*, pag. 13), Girard avoit une érudition fort étendue, et surtout il étoit habile dans l'histoire ecclésiastique. Il étoit prêtre, et mourut vers 1453. Il est auteur du ms. suivant que le P. Jacob avoit lu : *Historia de Sanctorum Vitis*. Il commence par ces mots : *Universum tempus*. L'ouvrage est in-folio, et le ms. étoit en 1652 entre les mains d'André Clerc, de Chalon, avocat ». Nous ne savons ce qu'est devenu le manuscrit de Jean Girard, mais nous pouvons heureusement fixer quelques points de sa biographie. C'est en 1453, l'année même où Papillon le fait mourir, qu'on trouve pour la première fois son nom dans un acte authentique signé par tous les prêtres desservant l'église de Givry. En 1455, 1472 et 1474, il est nommé chapelain de plusieurs messes de fondation. En 1485 et 1486 il contribue à la création du mépart. Il signe encore un acensement en 1490, et en 1497 soutient contre Hippolyte et Guillaume de Chaulmont un procès « pour la desserte de certaines messes, et aussi à l'occasion de certaines injures de certain cas de nouvelleté de certains héritaiges aliénés au lieu de Jambles » (Archives de Givry, GG. 96). Il n'est donc mort qu'après 1497, et c'est pendant la seconde moitié du XV° siècle qu'il a vécu.

BRUNET-DENON (Vivant-Jean). — Né à Givry, le 9 mai 1778, de Louis-Charles Brunet, écuyer, demeurant à Chalon, et de Marie-Catherine Denon. Il accompagna son oncle, le baron Vivant Denon[1], dans l'expédition d'Égypte, devint secrétaire d'état-major du général Berthier et fit avec lui les campagnes d'Orient de l'an VI et de l'an VII, puis s'engagea au 9° régiment de dragons. Sous-lieutenant après la bataille de Marengo, lieutenant-aide-de-camp du général Murat en l'an X, chevalier de la Légion d'honneur en l'an XII, blessé à Austerlitz, capitaine (1805), chef d'escadron (1806), colonel du 24° régiment de chasseurs à cheval

---

[1]. Dominique-Vivant Denon, né à Chalon, le 4 janvier 1747, mort à Paris le 27 avril 1825, diplomate, archéologue, dessinateur et graveur, membre de l'Académie des Beaux-Arts, directeur général des musées de l'Empire et officier de la Légion d'honneur. C'est à tort que M. Monnier (*Annuaire de Saône-et-Loire pour 1859*, in-8°, p. 233) le fait naître à Chalon.

(1807), baron de l'Empire (1808), blessé et nommé officier de la Légion d'honneur à la bataille d'Essling (1809), commandant en second-directeur des études à l'Ecole militaire de cavalerie de Saint-Germain-en-Laye (1809), maréchal de camp et chevalier de Saint-Louis (1814), membre du Conseil général du département de Saône-et-Loire (1842-1848) et de la Chambre des Députés (1842-1846), commandeur de la Légion d'honneur (1854), membre du Corps Législatif (1852-1853). Il est mort à Paris, le 13 juillet 1866, laissant deux filles, la comtesse de Duranti et la baronne de La Roche-Nully[1].

BARON (Jean, dit *Paul*). — Né à Givry en 1827, mort au Mans en 1889. Peintre, qui a exposé : au Salon de 1859, *Le Parasol* ; à celui de 1865, *Le Mariage mystique de sainte Catherine* ; à celui de 1868, *L'Amour désarmé* ; à celui de 1870, *Odalisque*.

---

1. Cf. L. Lex et P. Siraud, *Le Conseil général et les Conseillers généraux de Saône-et-Loire (1789-1889)*, Mâcon, Belhomme, 1888, in-8°, pp. 173-4.

PIÈCES JUSTIFICATIVES

I

Accord entre la communauté des hommes de la ville et poesté [1], d'une part, et les hommes de l'évêque de Chalon demeurant audit Givry, d'autre part, au sujet de leurs droits et privilèges respectifs (mars 1283).

Nos, Odo, officialis et canonicus Cabilonensis, notum facimus universis presentes litteras inspecturis et audituris quod communitas hominum ville et potestatis de Givreio prope Cabilonem in nostra presentia propter hoc specialiter constituta, sponte, prudenter et provide, sine vi et metu, sine dolo et sine aliqua circumventione, unanimi consensu confitentur et recognoscunt homines predicte communitatis coram nobis quod homines domini episcopi Cabilonensis commorantes apud Givreium predictum sunt et esse debent in perpetuum participes et consortes in dicta communitate hominum ville de Givreio predicto, in nemore dicto *de Braigneaul*, prout se extendit a nemore dicto *Syaneis* usque ad forestam de Givreio in latitudine, et a nemore de Grangeis usque ad nemus de Fonteneis et usque ad Cortelain in longitudine, item et in nemore dicto *de Malercy* et in planis de Malerey sitis juxta forestam de Givreio et juxta nemus Es Fonteneiz, item et in duobus nemoribus dictis *Es Verneis* de Givreio, prout se extendunt in longitudinem et latitudinem, sitis inter fontem des Appraiz et praeriam de Tauperon ; in quibus nemoribus predictis possunt dicti homines predicti domini episcopi Cabilonensis et heredes eorum capere et explectare in omnibus, sicuti et homines communitatis predicte. Item confitentur coram nobis predicti homines dicte communitatis quod dicti homines predicti domini episcopi Cabilonensis et heredes eorum habent et habere debent usagium suum per omnia in chaumis de Givreio, et in pascuis et campis tocius ville et pertinenciarum de Givreio, et possunt uti in eisdem cum dicta communitate in omnibus, sicuti et homines ipsius communitatis; item et in omnibus aliis nemoribus et communitatibus ville et potestatis Givreii possunt uti predicti homines domini episcopi Cabilonensis, et heredes eorum, sicuti et homines dicte communitatis, excepta foresta de Givreio, in qua debent dicti homines predicti domini episcopi Cabilonensis et eorum heredes habere solummodo pasturagium suum sine contradictione ; in quibus predictis nemoribus et in planis de Malerey, vel parte predictorum, non debet apponi deffensio aliqua sine consensu

---

1. *Potestas*, seigneurie.

dictorum hominum predicti domini episcopi Cabilonensis. De quibus predictis dicti homines predicti domini episcopi Cabilonensis sunt et fuerunt in possessione a tempore a quo non extat memoria. Item confitentur predicti homines dicte communitatis quod dicti homines predicti domini episcopi Cabilonensis aut heredes eorum, apud Givreium seu in potestate Givreii commorantes, non tenentur solvere aliquid de quinquaginta libris in quibus tenentur homines dicte communitatis pro franchisia sua domino Givreii predicti, neque de sexaginta libris viennensium in quibus iidem homines communitatis predicte tenentur eidem domino Givreii pro censa et acquisitione nemoris de Foresta. Item confitentur coram nobis homines dicte communitatis quod si ipsa communitas seu homines dicte communitatis aliquid dent seu promittant domino Givreii predicti, vel alii, quod predicti homines dicti domini episcopi Cabilonensis in aliquo non teneantur. Item confitentur coram nobis dicti homines predicte communitatis quod pro acquisitionibus jam factis, excepta Foresta, dicta communitas a predictis hominibus dicti domini episcopi Cabilonensis se tenet pro pagata de centum libris viennensium pro portione ipsos homines dicti domini episcopi Cabilonensis exinde contingente, quas centum libras viennensium dedit dicta communitas nobili viro domino Guillelmo de Melloto, militi, domino Espeissie et de Givreio predicto, prout inferius continetur. Item confitentur coram nobis predicti homines dicte communitatis quod in acquisitionibus faciendis ab ipsis non debent dicti homines predicti domini episcopi Cabilonensis aliquid solvere nec debent super hoc in aliquo compelli in futurum et nichil in acquirendis capient neque utentur dicti homines domini episcopi Cabilonensis supradicti. Confitentur autem coram nobis predicti homines dicti domini episcopi Cabilonensis quod si aliquis dictos homines predicte communitatis traheret in causam super nemore de Braigneaul predicto et super aliis nemoribus, excepta Foresta, et super pascuis, chaumis et campis supradictis, quod ipsi tenentur contribuere in expensis propter hoc faciendis cum dicta communitate pro portione ipsos homines predicti domini episcopi Cabilonensis contingente. Promittunt insuper coram nobis predicti homines dicte communitatis bona fide et per stipulationem sollempnem predicta omnia et singula tenere perpetuo et inviolabiliter observare, et penitus adimplere, et non venire contra predicta vel aliquod predictorum per se vel per alium seu per alios, nec contravenienti aliquatenus consentire facto, verbo, consensu, vel modo alio qualicumque, in judicio vel extra judicium, se et heredes suos quoad hec specialiter obligando et jurisdictioni curie Cabilonensis totaliter supponendo, renunciantes insuper coram nobis dicti homines predicte communitatis expresse in hoc facto et ex certa scientia omnibus actionibus et exceptionibus doli, mali, lesionis, et in factum deceptionis in aliquo, beneficio restitutionis in integrum, juri dicenti confessionem extra judicium factam non valere, deceptionis ultra dimidiam justi precii et constitutioni hoc jus porrectum, et precipue juri dicenti generalem renunciationem non valere, omnibusque exceptionibus juris et facti ad hec pertinentibus, et omni juri canonico et civili, seu consuetudinario, scripto et non scripto, quod sibi vel suis ad presens vel in futurum posset competere vel prodesse ad veniendum contra predicta vel aliquod predictorum. In quorum omnium memoriam, ad requisitionem predictorum hominum dicte communitatis, sigillum curie Cabilonensis istis presentibus et consimilibus litteris apposuimus in testimonium predictorum. Preterea, nos, dictus Guillelmus de Melloto, miles, dominus Espeissie et de Givreio predicto, omnia et singula supradicta confitemur esse vera, et insuper de consensu dicte communitatis hominum ville et potestatis Givreii predicti ea omnia et singula supradicta pro nobis et heredibus nostris quos ad hoc specialiter obligamus, laudamus, volumus, concedimus, ratificamus et in hiis omnibus et singulis supradictis penitus consentimus, promittentes pro nobis et nostris per stipulationem et sub expressa obligatione omnium bonorum nostrorum, bona fide, predicta omnia et singula dictis hominibus predicti domini episcopi Cabilonensis et heredibus suis successive proveniendis de nobis et nostris heredibus garantire, defendere, et in pace tenere, et non venire contra hujusmodi compositionem et pacem, et contra alia predicta vel aliqua predictorum per nos vel per alium, nec contravenienti aliquatenus consentire, in judicio vel extra judicium, nos et heredes nostros, quo ad hec jurisdictioni curie Cabilonensis, ubicumque nos transferri contingat, totaliter supponendo, volentes nos et heredes nostros ad observanciam premissorum compelli per curiam Cabilonensem, si aliquod contra predicta aliquo tempore obiceremus, seu contra aliqua predictorum. Et pro hiis recepimus et habuimus in pecunia numerata a predictis hominibus dicti domini episcopi Cabilonensis, pro se et suis, centum libras viennensium superius nominatas, in quibus, ut dictum est, ipsi homines dicti domini episcopi Cabilonensis dicte communitati tenebantur, ex una parte, et centum et viginti libras viennensium, ex altera, quas dederunt nobis dicti homines predicti domini episcopi Cabilonensis, de quibus ducentis et viginti libris viennensium supradictis habitis et receptis nos tenemus in solidum pro pagatis, exceptionibus non numerate pecunie, non habite, nec recepte, et omnibus aliis juris et facti ad hec pertinentibus, et omni juri canonico et civili seu consuetudinario abrenunciantes pro nobis et nostris penitus in hoc facto. In quorum omnium memoriam, sigillum nostrum pro nobis et nostris istis presentibus et consimilibus litteris, una cum sigillo dicte curie Cabilonensis, apposuimus in testimonium perpetue veritatis. Actum et datum anno Domini millesimo ducentesimo octogesimo tercio, mense marcio. P. s.

(Archives de Saône-et-Loire, G 37, n° 8.)

II

Confirmation par Agnès de Saint-Verain des droits et privilèges des habitants de Givry (octobre 1286).

Nos, Agneiz de Sein-Verein, dame d'Espeisse et de Gevrer, façons savoir à toz ceauz qui verrunt et orunt ces présentes letres, que com descois fust autre noble barum mon seignor Guillame de Mello, çay an arriers nostre mari, seignor d'Espesse et de Gevrer, de une part, et les homes de Gevrer et de la pooste, d'atre, sus ce qui li diz mes sires Guillames disoit contre les diz homes que il aveint à ce gasté la foreiz de Gevrer que il ni pooit trovrer sum usaige à lat de sa maisum de Gevrer, et sus ce qui li diz sires disoit que il devait metre ses forestiers ou bois de Braignaul et de la Foreiz, li ques bois sunt es diz homes de Gevrer et de la pooste, et que il devait avair les esmandes de ces qui saraient trovez tranchant ou paiturant bestes es diz bois de Braignaul et de la Foreiz de ces qui nataient de Gevrer ou de la pooste : à la perfim il fuit acordé des choses desus dites antre lou dit mon seignor Guillame et les diz homes de Gevrer et de la poosté an tel menière, c'est à savoir que li diz mes sires Guillames quitta les diz homes et lour haiers dou domaige que il disoit que il avaient fait am la dite foreiz, et leur outraia que il dou dit bois peussaint faire am totes menières lour velunté sans ce que il ne lou peussaint mener à cultivere ne à araisum ; et par ces choses il out et reçuit des diz homes C lb. de parisis, et X lb. chascum am à ramdre a'm acraichance de la cense de la dite Foreiz, li ques cense estoit de L lb. ; et am tel menière il sunt LX lb. Item li diz mes sires Guillames outraia es diz homes de Gevrer et de la poosté que il peussaient metre lours forestiers am lour bois de Braignaul et de Foreiz, et lever et avair les esmandes de ces qui saraient trovez tranchant ou paiturant bestes qui ne saraient de la vile de Gevrer ou de la poosté : et est à savair que li diz homes daivent présanter les diz forestiers à dit seignor ou à som commandement devant ce que il s'antremetent de la foresterie, et daivent faire lou saremant am la meim dou dit seignor ou de som comandement de garder sa raisum et som drait se il lou trovent ne se ele i avenait ; et par ces choses ils out et reçuit des devant diz homes CC lb. de tornais, et des choses garantir et tenir am pais il lour promit baillier letres ci bones come ils les porraient faire, sealées dou seaul dou dit mon seignor Guillame. Par la quel chose nos devant dite dame Agneiz, antandanz et voillanz faire lou profet et lou salut de l'arme dou dit mon seignor Guillame, li ques avait reçau les deniers des devant diz homes, et voillanz lou drait des devant diz homes estre sauz am totes choses et par totes choses, et que contans n'am peust raistre ou tans à avenir, voluns et outraions que les covenances de sus dites lour saient tenues et gardées am totes choses et par totes choses, c'est à savair que il puissent metre lour torestiers am la menière de sus dite es diz bois de la Foreiz et de Braignaul, et muer et changier à lour velunté, et lever et retenir les esmandes de ces qui saraient trovez tranchant ou paiturant bestes am lour diz bois de Foreiz e de Braignaul de ces qui ne saraient de la ville de Gevrer ou de la poosté, et de prandre et de tranchier am ladite Foreiz à lour velunté am tel menière que il ne la puissent mener à araisum, et nos devons tenir apaiés de ce que nos troverons am ladite Foreiz par nostre usaige sans autre chause resclamer. Item nos donons et outraions es diz homes de la vile de Gevrer et de la poosté et à lour haiers à torz jors mais que li blees [1] et li closes [2] qui saront mis par garder les biens de la dite vile de Gevrer et de la poosté ne saient creuz d'amcuser homes ne bestes fuer que lou jor que ils les troverunt meffaçant ou am meffeit, et icelui jor il sunt tenuz d'amener à nos ou à nostre comamdemant ces que il troverunt meffaçant ou lour gaiges, ou l'amdemcim se il poaient lou dit jor par aucune raisum ou par acum ampaichemant, et se il trovent bestes meffaçant sans gardes, il sunt tenuz d'aler à l'ostaul de ces cui les bestes saraient et amener devant nos ou devant nostre comamdemant, ou prandre lou gaige par nostre esmande, et autrement nos ne vouluns que il saient creuz fuer que celui jor ou l'amdemeim ainsi come il est dit de sus, quant il troverunt meffaçant soulemant. Et totes ces choses et chascune par say, nos devant dite dame Agneiz, de la velunté et dou consantemant de noble barum Jeham, seignor de Frolais, nostre mari, promètons tenir, garder, deffandre et garantir par nos et par nos haiers es devant diz homes et à lour haiers, par nostre sairemant sus seintes

---

1. Blaiers
2. Closiers.

avangiles corporamant doné, et sus l'obligatiom de toz nos biens
mobles et num mobles, présanz et avenir, am quelque leu que il saient,
et que nos ne viendrons ancontre ne consantrons à acum qui voille
venir amcontre. Et nos, devant diz Jehans, recoignisuns totes les
choses desus dites estres veras et estres faites de nostre velunté et de
nostre consantemant, et promctons par nostre sairemant tenir et garder,
et que nos ne viendrons ancontre. Et recoignisons, nos, devant diz Jehans,
et nos, devant dite dame Agneiz, que nos par ces choses tenir et garder
avons reçeues des devant diz homes CC lb. de tornais am deniers num-
brez, li ques sunt tornés ou profet des anfanz dou devant dit mon seignor
Guillame de Mello. Et nos, devant dite dame Agneiz, de la velunté et
de la parmissiom dou devant dit Jeham, sire de Frolais, voluns et
outraions nos et nos haiers estre contrainz tenir, garder, deffandre et
garantir la tenour de ces présentes letres par la cort mon seignor lou
duc ou par cort de crestienté, es ques cors et achune par say nos
sometons quant à ce nos et nos haiers. Et renunçons ansucquetot,
nos, devant diz Jehans, et nos, devant dite dame Agneiz, par nos et par
les nos sus les sairemanz desus donez et sus les obligations desus dites,
à totes exceptions de drait et de fait, et à totes raisuns, les ques
porraient estres obicies ou dites amcontre la tenour de ces présentes
letres, et à drait qui dit que générauss renunciaciom ne vaut. Am la
mémoire de la quel chose, nos, devant diz Jehans, sires de Frolais, et
nos, devant dite dame Agneiz, avons mis nostres seaus am ces présentes
letres am tesmoignaige de vairté, les ques sunt donées am l'am de
grâce mil dus cenz et oitamte et sis, ou mais de oitovre.

(Archives de Givry, DD. 7.)

III

*Confirmation par Marie de Châteauvillain des droits et privilèges
des habitants de Givry (janvier 1328).*

... Saichent tuit que l'an de la Incarnacion de nostre Soignour corrant
mil trois cenz vint et huit, ou moys de janvier... Noble dame ma dame Marie
de Chasteaul-Villain, femme jaidis de noble homme et de bone mémoire
mon soignour Guillame de Melloul, chevalier, soignour d'Espoisse et
de Gevrey en Chonois, et nobles hons Guillames de Melloul, escuiers,
filz des dis mon soignour Guillame et de ma dame Marie, en non de
aux et pour aux, et en non de Droyn, de Jehan, et des autres anfans,
tant aaigiez comme non aaigiez, hers et nez et engendrés des dis mon
soignour Guillame et ma dame Marie, pour les quelx anfans li dis ma
dame Marie et Guillames, escuiers, quant es choses cy dessoz escriptes
se font fors et prannent en main, sur la obligacion de tous lour biens,
d'une part, et li hommes et habitans de la communautey dou dit Gevrey
et de la poostey d'yceli, appelés et asamblés ou leu que l'on dit *En
Craye* por la manière acostumée, de autre part, hont confessé publiquement et recogneu de certaine science que cum descors fust mehuz
entre aux sur ce que li diz habitans disoient que li diz sires d'Espoisse,
ou temps qu'il vivoit, havoit pris et occupey et torney devers lui une
grant partie de bois que l'on appelle *le boiz de Breigneaul* apparte-

nant es dis habitans en possession et en propriétey, et encor le déteroient li diz dame et Guillames, en non que dessus, à moins de droit, ou grief et ou préjudice des dis habitans, por ce que li diz sires n'ay pas acomplir les covenances que il lour havoit promises ou temps que il prit le dit boiz, c'est assavoir que il lour osteroit le rup de la Geline et que li sanz ne se clameroit pas sanz clain de partie, et por ce que il ne peust user avec les dis habitans ou bois de Forest et por plusours autres covenances qu'il davoit faire es dis habitans, les quelles il n'ay pas acomplies ; si requéroient li diz habitans que li occupacions et li main mise fust ostée, à fin que li diz habitans se peussient joïr et esploitier dou dit bois con dou lour propre, les dis dame et Guillame en non que dessus disans au contraire quar à juste cause et por juste titre, et de l'asentement des dis hommes, por ce qu'il leur havoit laissier le droit qu'il havoit de user ou bois de Forest, et la porsuite qui lour façoit, en disant que il estoient tenuz à lui por raison de sa novelle chevalerie et por les chevauchies de Flandres, des quelle il les havoit passés devers le Roy, et por plusours autres choses qu'il lour havoit laissies et acquittées, por quoy disoient que la requeste des dis habitans ne davoit estre acomplie, mas devoit demorer li dis bois en lour main, les dis habitans disans dou tout en tout au contraire comme dessus : à la fin, plusours acertations heues entre les dites parties sur ce, grant délibéracion heue sur ce de l'une partie et d' l'autre, dou conseil de lour amis et de prod'ommes est acordez en la menière qui s'ensuit, c'est assavoir que li diz boiz que li diz sires havoit torney por devers soy et mis en sa main, ensamble le boiz estant ou dit boiz tranchié et non tranchier, et le fons dou dit bois retorne et demore paisiblement es dis habitans à tous jours mais perpétuement en propriétey et en héritaige perpétuel, ensamble tous les drois que il y havoient devant ce que li diz sires le heust mis en sa main, et aussi demore es dis dame et Guillaume en non que dessus li droiz que li sires havoit es dis boiz avant ce qu'il les tornast por devers soy et meist en sa main, se point en y havoit, sanz acroitre et sans amoindrir, et retorne et demore ausi es dis dame et Guillame en non que dessus li droiz que li sires havoit de user avec les dis habitans, ou boiz que l'on dit de Forest, avant ce qu'il le laisset es dis habitans, por cause dou boiz de Breignaul qu'il havoit torney par devers lui ; et sunt anéanties toutes lettres et covenances faites entre le dit soignour d'Espoisse et les habitans dessus dis, se aucunes en y havoit, por cause de la occupacion dou bois dessus dit que li sires entendoit à acquérir. Ancor est acordez entre les dictes parties que li diz habitans et lour hoirs et successours demorent quittes envers les dis dame et Guillame en non que dessus et envers les autres anfans perpétuelment de ce que li sires les porsuigoit de sobvencion de sa novelle chevalerie, des chevauchies de Flandres, de Gascoigne, et encor demorent quittes de toutes amandes es quelles il povoient estre tenuz en commun, ne de chevauchie, jusques au jour de la confection de ces lettres, se de riens y estoient tenuz por raison ; et por ce facent li diz habitans doneront et paieront es dis dame et Guillame en non que dessus quatre cens livres tornois... Encor est acordez entre les dictes parties que une chascune des dictes parties ferai oster à ses despans la main ou desfance mise es dis boiz à son porchat par les gens le Roy ou por autre justice, et doiz jai la main mon soignour d'Espoisse mise es dis boiz ou por ses gens, se point en y hay, li dis dame et Guillanes l'an lèvent. Ancor est acordez et ordenez dou commun assentement des dictes parties que tuit li privilaiges des dis habitans de la ville et de la poostey de Gevrey demorent en lour valour et en lor force, saul ce qu'il soient de riens corrumpus ne amoindris por ceste ordenance et espéciaulment les lettres es quelles li diz sires d'Espoisse lour conformai lour privilaiges demorent en lour vertu et en lour valour, et que innovacions de riens ne soit faite, ne autre chose qui ne toiche expressément le fait de la occupacion de ce bois...

(Archives de Givry, DD. 7.)

IV

Règlements et ordonnances de police publiés par le bailli à la tenue des grands jours de la justice seigneuriale (1er septembre 1784).

ARTICLE 1er.

Faisons deffenses aux habitans et justiciables de jurer et blasphémer le saint nom de Dieu, à peine de punition exemplaire suivant la rigueur des ordonnances et arrêts.

ARTICLE 2.

Deffenses auxdits habitans de tenir des jeux et danses publiques les dimanches et festes, sans la permission expresse du seigneur ou de ses officiers, à peine de cinquante livres d'amende contre chacun des contrevenants ; deffendons pareillement à tous joueurs de violons ou d'autres instruments d'aller jouer dans les cabarets ou autres lieux publics, sans pareille permission, à peine d'emprisonnement et d'amende arbitraire.

ARTICLE 3.

Deffendons à tous cabaretiers de vendre vin et donner à boire pendant les offices divins et à heure indue, de même que de donner à jouer aux cartes, ni autres jeux, à peine de cinquante livres d'amende ; disons que touttes promesses et obligations qui auront été faittes, soit pour jeu, soit dans les tavernes ou cabarets, seront nuls et de nul effet, permis à tous pères et mères de répéter les sommes qui auront été perdues au jeu par leurs enfants mineurs, quoique mariés, contre ceux qui les auront gagnés.

ARTICLE 4.

Deffendons pareillement à tous habitans de s'atrouper à l'occasion des mariages, et d'y paroitre armés, et de tirer aucun coup de fusil, sous quelque prétexte que ce soit, à peine d'être sur-le-champ saisis et conduits en prison, et de trente livres d'amende, comm'encore de ne rien exiger des nouveaux mariés, sous quelque prétexte que ce soit sous les mêmes peines.

ARTICLE 5.

Deffenses de chasser et l'étendue des terres de Givry et dépendances, en quelle lieu et manière que ce soit, et sur quelques gibiers que ce soit, à peine de cent livres d'amende, comm'encore de pêcher dans les étangs ou rivières situés rière l'étendue de ladite terre, sous les mêmes peines.

ARTICLE 6.

Deffendons expressément à touttes personnes de dérober, soit de nuit ou de jour, des fruits et raisins dans les héritages d'autruy, à peine d'être condamné au carcan ; pourquoy nous enjoignons à tous messiers, sergents et vigniers, de faire jour et nuit bonne et soigneuse garde, tant que les fruits seront sur pied, de se saisir et dénoncer au sieur procureur d'office ceux qu'ils trouveront en couper, lesquels seront incontinent conduits dans les prisons pour leur procès leur être fait suivant la rigueur des ordonnances ; enjoignons pareillement à tous habitans qui seront appellés par les messiers, vigniers et gardes, de leur servir de témoins, de leur obéir et suivre sur-le-champ, tant de jour que de nuit, à peine de trois livres, cinq sols d'amende, et de répondre en leur propre et privé nom des dommages et intérests des mésus ou vols qui auront été faits.

ARTICLE 7.

Ordonnons aux habitans qui ont des chiens de leur mettre des battons ou billots au cou, d'un pied et demi de long et d'un pouce de diamètre, à peine de dix livres d'amende, permis aux gardes et messiers de les tuer partout où ils les trouveront sans billot.

ARTICLE 8.

Deffendons de prendre en aucun endroit des œufs de cailles et de perdrix, à peine de cent livres d'amende pour la première fois et de plus grande peine en cas de récidive.

ARTICLE 9.

Ordonnons à tous les habitans ayant des porcs de les mettre sous la conduitte du porcher de la communauté, permis de tuer ceux qui seront trouvés dans les vignes, sans préjudice des dommages et interrêts dus aux propriétaires desdittes vignes, et de l'amende que les préposés à la garde du bétail auront encourue ; deffendons aussi de de les laisser courir par les rues, à peine de dix livres d'amende.

ARTICLE 10.

Ordonnons à tous habitans et nottament aux aubergistes de ce lieu de nettoyer au moins deux fois l'an leurs cheminées, sinon dans le cas où le feu prendroit par le deffaut de netoyement, ils seront condamnés à dix livres d'amende, si c'est de jour, et trente livres, si c'est de nuit, et en outre, de payer les salaires des ouvriers qui auront travaillé à l'éteindre ; enjoignons aux échevins ou procureur de cette communauté d'y veiller et d'en faire la visitte au moins deux fois l'année, à peine d'amende, et de répondre en leur propre et privé nom de tous accidents.

ARTICLE 11.

Deffendons pareillement à touttes personnes de porter à la main par les rues du feu, des tisons, de la paille et chènevottes allumées, et de faire des feux dans les rues aux veillées, à peine de trois livres, cinq sols d'amende contre chaque contrevenant, et des dommages et intérests qui pourroient résulter des accidents qui en arriveroient.

ARTICLE 12.

Faisant droit sur les réquisitions du procureur d'office, qui nous a rapporté que les chemins finérots étoient en mauvais état, nous ordonnons auxdits habitans d'avoir à s'assembler dès demain pour, sous la conduitte du préposé qu'ils auront nommé et choisi, travailler sans retard à la réparation des chemins finérots de laditte communauté, à peine de vingt livres d'amende.

ARTICLE 13.

Deffendons aussi à tous habitans de déposer des fumiers, des tas de bois et voitures dans les rues, à peine d'amende.

ARTICLE 14.

Deffendons pareillement à tous revendeurs ou revendeuses d'acheter avant les dix heures du matin dans les marchés de Givry, et ny autres jours de la semaine, aucune provision de bouche, comme ortolages[1], fruits, crèmes, lait, œufs et volaille, à peine de confiscation des denrées qu'ils auroient achettés avant laditte heure de dix du matin et de l'amende arbitraire contre chacque contrevenant.

(Archives de Saône-et-Loire, B.)

---

1. Légumes.

TABLE DES MATIÈRES

I. — *Origine de Givry. Etymologie des noms de la commune, hameaux, écarts et lieuxdits...* 7

II. — *Seigneuries et domaines laïques.*
Domaine des ducs de Bourgogne, puis des rois de France....... 13
Seigneurie de Givry 13
Baronnie de Cortiambles 25
Fief de Mortières 26
Seigneurie de Russilly....................................... 27
Fiefs à Poncey 28
Fiefs divers... 28

III. — *Domaines ecclésiastiques. Dîmeries.*
Rue de l'évêque et dîmerie principale........................ 29
Biens et droits des églises de Saint-Vincent et de Saint-Georges de Chalon 31
Biens de l'abbaye de La Ferté. Le Cellier-aux-Moines........ 33
Biens de l'abbaye de Maizières.............................. 34
Biens et droits de diverses communautés 34

IV. — *Communauté des habitants et administration de la ville..* 36

V. — *Fortifications du bourg et faits de guerre*............... 45

VI. — *Eglises. Chapelles. Confréries.*
Eglise de Givry 49
Eglise de Cortiambles....................................... 57
Eglise de Russilly 58
Chapelles et croix... 60
Confréries 62

VII. — *Instruction primaire et assistance publique. La maison-Dieu.*
Instruction primaire... 63
Assistance publique. La maison-Dieu 63

VIII. — *Statistique de la population, de l'agriculture, de l'industrie et du commerce.*
Population... 67
Agriculture, industrie et commerce.......................... 72

IX. — *Biographie de quelques personnages nés à Givry*........ 76

PIÈCES JUSTIFICATIVES.

I. — *Accord entre la communauté des hommes de la ville et poesté, d'une part, et les hommes de l'évêque de Chalon demeurant audit Givry, d'autre part, au sujet de leurs droits et privilèges respectifs* (mars 1283) 78

II. — *Confirmation par Agnès de Saint-Verain des droits et privilèges des habitants de Givry* (octobre 1286).............. 80

III. — *Confirmation par Marie de Châteauvillain des droits et privilèges des habitants de Givry* (janvier 1328).............. 82

IV. — *Règlements et ordonnances de police publiés par le bailli à la tenue des grands jours de la justice seigneuriale* (1ᵉʳ septembre 1784).. 84

Mâcon, Imprimerie Générale, X. PERROUX et Cᵉ.

www.ingramcontent.com/pod-product-compliance
Lightning Source LLC
LaVergne TN
LVHW050556090426
835512LV00008B/1184